TANJA DUSY

ZIEMLICH BESTE
BURGER

BEEF-KLASSIKER, PULLED CHICKEN,
SUSHI-STYLE & MEHR

EMF

EIN BUCH DER
EDITION MICHAEL FISCHER

INHALT

1. KAPITEL:
EIN BURGER AUF REISEN...

2. KAPITEL:
ES MUSS NICHT IMMER(RIND-)FLEISCH SEIN...

3. KAPITEL:
ES DARF RUHIG MAL GEMÜSE SEIN...

4. KAPITEL:
ES MUSS NICHT IMMER BRÖT-CHEN SEIN...

SIMPLY THE
BEST!

Wie bekomme ich den bloß unfallfrei in den Mund? Die Frage stellt sich mir jedes Mal, wenn ich vor einem dick aufgestapelten Burger mit reichlich Belag, viel Ketchup und Mayo sitze. Zugegeben, Burger sind eine echte Schweinerei, bei der man Tischmanieren und alles, was man gemeinhin über gesundes Essen weiß, vollständig über Bord wirft. Vielleicht lieben wir gerade deshalb diese Supersize-XXL-Pakete, in denen alles auf einmal steckt, was wir normalerweise fein in Portionen geordnet auf dem Teller haben und manierlich mit Messer und Gabel verspeisen.

Burger machen einfach Spaß. Wer ab und zu dem Lustprinzip folgt, fügt seiner Gesundheit garantiert keinen dauerhaften Schaden zu, sondern tut eher der Seele und der Laune etwas Gutes. Im Gegenteil, wer sich nicht ständig auf die Schnelle und einfach im Vorbeigehen den labbrigen Doppeldecker aus der nächsten Fast-Food-Kette zieht, dem verheißen Burger echtes Glück: Selbstgemacht, mit richtig guten Zutaten, nach Lust und Laune zusammengestellt und immer wieder neu kombiniert, sind Burger eine Delikatesse. Und noch mehr Spaß machen sie, wenn man Freunde einlädt: gemeinsam bruzzelt und grillt, Gemüse schnibbelt, Dressings rührt und jeder im Anschluss seinen ganz persönlichen, allerliebsten Burger baut. Danach können alle völlig unverkrampft und vereint in ihren besten Big-Burger beißen – ohne Rücksicht auf Verluste.

Reichlich Anleitung, wie man den ziemlich besten Burger bei sich zu Hause baut, gibt es im Folgenden in Hülle und Fülle: Alles wird selbst „haus"-gemacht, vom Relish über Barbecue-Sauce bis hin zu Pommes frites und Cole-Slaw als Beilage. Wir zeigen, wie's perfekt gelingt, damit Fleisch saftig bleibt, Fisch- und Veggie-Pattys in Form bleiben oder die Buns fluffig aus dem Ofen kommen. Dabei ist jedes Rezept und der Theorieteil nach dem Baukastenprinzip aufgebaut: So kann dann wirklich jeder nach ganz persönlichem Geschmack seinen allerbesten Burger bauen.

HOW TO BUILD THE
BEST BURGER

Burger selber machen ist nicht schwer: Es braucht nur ein wenig Zeit und Vorbereitung und einen kleinen Bauplan, nach dem sich dann auch nach eigenem Gusto immer wieder die besten Burger zusammenstellen lassen.

BURGER BUN

Er bildet unten die Basis, auf der alles ruht und oben die Kraft, die alles zusammenhält. Damit es perfekt schmeckt und (vor allem unten) nicht durch Sauce oder andere Zutaten durchweicht, wird das Burgerbrötchen vor dem Belegen halbiert und die Schnittflächen auf dem Grill geröstet (während die Pattys daneben grillen) oder in heißer, aufschäumender Butter in 1–2 Minuten braun geröstet.

PATTY

Es ist zwar Herzstück eines jeden Burgers, sollte aber im Regelfall und vor allem bei (Rind-)Fleischpattys voller saftigem Eigenaroma sein, und nicht zu dominant gewürzt werden: Sein Aroma entfaltet sich dann umso mehr zusammen mit den übrigen Zutaten.

KETCHUP, MAYO, SAUCEN & DRESSINGS

Sie bringen nicht nur den geschmacklichen Extrakick und unterstreichen die Aromen der anderen Zutaten, sondern sind auch baulich bindendes Element: Auf den Bunhälften oben und unten angebracht, „kleben" sie die übrigen Zutaten fest und fixieren „Flutschiges" wie Gurkenscheiben oder Gemüse. Fein sind zwei verschiedene Komponenten (Ketchup und Mayo, Dressing und Chutney, Barbecue-Sauce und Relish). Aber: Auch Burger mit nur einer Sauce sind saftiger als die ohne!

FRISCHES

Es muss nicht immer nur Fleisch sein: Gerade knackiges Gemüse, roh, kurz gegart oder eingelegt als Pickle bringt ein zusätzliches, frisches Moment zu saftigem Fleisch und weichem Bun. Die schnellste, einfachste und bekannteste Variante kennen wir vom Ur-Burger: Tomaten - und Gurkenscheiben, Zwiebelringe, Salatblatt und Gewürzgurken. Da gibt es aber auf jeden Fall noch viel mehr zu entdecken …

NOCH ETWAS MEHR …

Wer neben Fleisch, Sauce und knackigem Gemüse noch ein, zwei oder ein paar mehr Stockwerke einbauen will, der wird in diesem Buch vielfältig fündig: egal, ob knusprige Baconstreifen, schmiegsames Bohnenpüree, Auberginengehacktes oder wachsweiches Spiegelei – erlaubt ist was gefällt, geschmacklich harmoniert und was „bautechnisch" sinnvoll ist. Das heißt: immer weiche, zarte und harte Zutaten, Cremes und verbindende Dressings so kombinieren, dass sie gut „ineinandergreifen" und die einzelnen Schichten nicht voneinander wegrutschen. Wer allzu hoch hinaus will oder einmal nicht ganz ideal kombiniert, kein Problem: Zur Not lässt sich der ganz Burgerbau noch von oben her mit einem Holzspießchen zusätzlich fixieren.

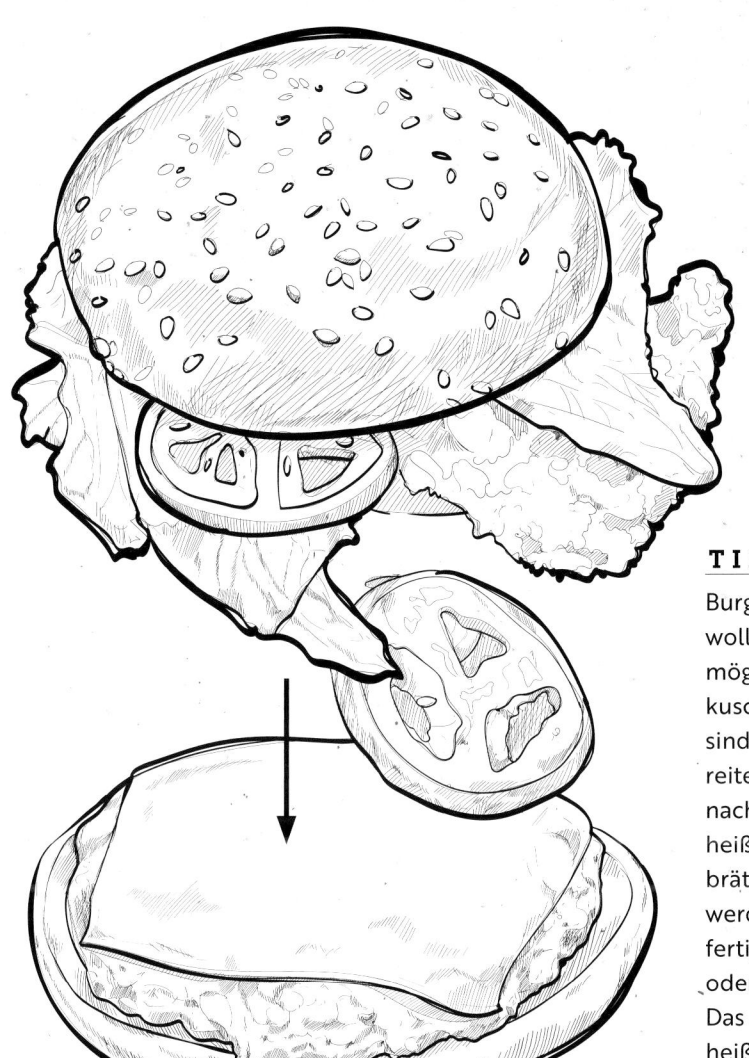

TIMING

Burger bauen braucht seine Zeit: Verschiedene Zutaten wollen gleichzeitig fertiggestellt werden, um dann möglichst zügig zusammengebaut und noch richtig kuschelig warm serviert werden zu können. Die Rezepte sind zwar so aufgebaut, dass das meiste gut vorbereitet werden kann und der Ablauf Schritt für Schritt nacheinander angegeben ist. Trotzdem, am Ende in der heißen Phase, kann es hektisch werden, wenn Fleisch brät, Brötchen geröstet werden und alles geschichtet werden muss. Hilfreich ist es dann, wenn man bereits fertig gegarte, erwärmte „Bauteile" wie Gemüse, Pattys oder Brötchen im 90 °C warmen Ofen warm hält. Das entspannt und verheißt am Ende garantiert echt heißen Burgergenuss!

HOMEMADE

Selbermachen heißt das Gebot für echte Burgerfreunde: Fleisch selber durchdrehen, Buns backen, Saucen und Ketchup kochen, Pickles einlegen – mit den Rezepten in diesem Buch kann man das ganz entspannt machen, weiß genau, was drin steckt und dass es schmeckt. Damit Burger selber machen aber relaxt bleibt, sollte man sich nicht unter Druck setzen: Wer mal Mayonnaise oder Ketchup nicht selbst machen will, nimmt eine gute gekaufte, ersetzt die Homemade-Buns durch gute Brötchen oder nimmt Hackfleisch aus dem Bioladen – denn die besten Burger sind auch die, die mit Spaß und Freude gemacht sind.

BURGER FÜR
ALLE FÄLLE

Der Klassiker besteht zu 100 % aus Rindfleisch. Aber bereits hier gibt es geschmacklich Unterschiede, je nach verwendetem Fleischstück. Und Burger-Liebhaber wissen, außer Beef gibt es noch viel, viel mehr zu entdecken …

RINDFLEISCH

Echte Burgerfans schwören auf Pattys aus frisch selbst durchgedrehtem Rindfleisch, das sich möglichst noch aus verschiedenen Fleischzuschnitten (wie z. B. Nacken, Schulter, Brust oder sogar feinem Tafelspitz) zusammensetzt. Der unterschiedliche Fettgehalt und die jeweils spezielle Muskelfaserstruktur dieser Stücke soll in der Mischung ein harmonisches Ganzes, den perfekten „Blend" ergeben – der natürlich jeweils auch den Vorlieben des einzelnen Burgerbraters entspricht. Wichtigstes Kriterium bei der Wahl des Fleisches ist dabei aber, dass es nicht zu wenig, aber auch nicht zu viel Fett enthält: Ideal sind zwischen 20 % bis maximal 30 % Fett. Bei zu hohem Fettanteil bräunt das Fleisch nicht richtig schön, und das Patty schrumpft beim Garen stärker. Gutes, fertig gekauftes Hackfleisch hat im Regelfall etwa diesen Fettanteil und passt daher auch für alle, die keinen Fleischwolf haben oder mal schnell und unkompliziert Burger braten wollen. Zu empfehlen ist dann Bio-Hackfleisch, das im Gegensatz zu billiger, abgepackter Discounterware nicht von schnell hochgezüchteten Rindern stammt, deren Fleisch zu viel Wasser im Verhältnis zur Muskelmasse enthält und daher beim Braten auswässert. Wer möchte, kann sich für allerbeste Burger das Hackfleisch auch vom Metzger zusammenstellen und dort durchdrehen lassen: z. B. je 50 % mageres Fleisch aus Schulter und 50 % fetteres aus der Brust oder dem Nacken. Oder mal ganz edel: 50 % Tafelspitz und je 25 % Nacken und Brust.

Wichtig: Egal, ob man frisches Rinderhackfleisch kauft oder sich Fleisch nach eigenem Gusto beim Metzger durchdrehen lässt: Es sollte noch am selben Tag zubereitet werden, vor allem wenn man es nicht vollständig (well done) durchbraten, sondern lieber „medium" oder gar „rare" gegart essen will. Ansonsten besser in Schutzatmosphäre abgepacktes Hackfleisch kaufen, das gut gekühlt länger hält.

SCHWEINEFLEISCH

Eignet sich prinzipiell auch zum Burgerbraten, schmeckt aber gemischt mit gut gemasertem oder leicht fetterem Rindfleisch besser. Für gemischte oder reine Schweine-Pattys eignet sich am besten Schweinenacken, der ein gutes Fett-Fleisch-Verhältnis hat. Den sollte man dann selber oder vom Metzger wolfen lassen. Fertig angebotenes, reines Schweinehack ist im Regelfall zu fett und sollte wenn, nur gemischt mit magerem Rinderhack verwendet werden. Um zu vermeiden, dass Schweinefleisch-Pattys trocken werden, sollte man sie im Gegensatz zu Rinder-Pattys eher nicht grillen, sondern lieber in etwas Fett braten. Und: immer ganz durchbraten! Wie Hähnchenfleisch sollte Schweinfleisch immer völlig durchgegart werden.

GEFLÜGEL & FISCH

Obwohl im Geschmack natürlich völlig verschieden, haben Pattys aus Huhn, Hähnchen, Pute, Truthahn oder Fisch eines gemein: Sie sind extrem mager. Das ist fein für alle, die auf die schlanke Linie achten und zarte Aromen bevorzugen, führt aber bei zu großer Garhitze und -dauer dazu, dass die Burgerauflage extrem trocken und bröselig wird. Deshalb tut hier Ei oder auch mal ein Schlückchen Sahne dem Patty gleich doppelt gut: Sie bindet das durchgedrehte oder im Blitzhacker zerkleinerte Fisch- oder Geflügelfleisch und sorgt dafür, dass die später gut gewürzte Hackmasse beim Braten saftig bleibt. Geflügel darf in Metzgereien im Regelfall nicht durchgedreht werden, daher muss man zu Hause selbst aktiv werden. Dabei sollte wie immer beim Arbeiten mit rohem Geflügelfleisch penible Sauberkeit herrschen: Blitzhacker, Messer, Bretter und alles, was mit Fleisch oder Hackmasse in Berührung kommt, gründlich heiß und mit Spülmittel reinigen, da sonst die Gefahr einer Salmonellenvergiftung besteht; außerdem sollte das Fleisch recht zügig und immer gut gekühlt verarbeitet und völlig durchgebraten werden.

GEMÜSE & MEHR

Nicht nur Vegetarier und Veganer stehen inzwischen auf Pattys aus Gemüse, Getreide oder Bohnen. Hier gibt es viele Möglichkeiten für knusprige Pattys mit zartem, würzigen Kern. Gegartes Getreide, Ei und zermuste Hülsenfrüchte oder gegarte möglichst stärkereiche Gemüse sorgen hier für die Bindung und gute Konsistenz. Häufig ist ein Anbraten und späteres Fertiggaren im Ofen von Vorteil: Das dauert zwar etwas, bringt aber Knusper in die Kruste und spart zudem noch Fett.

DAS PERFEKTE
PATTY

Vom Hack zum Patty: wie man aus Fleisch einen saftigen Burger zaubert – alles Wichtige zum Thema Wolfen, Formen und Braten auf einen Blick!

1

VOLL DURCHGEDREHT

Wer will, dreht sein Fleisch selber durch und kann damit selbst bestimmen, was genau drin ist (s. S. 8). Dazu das gut gekühlte Fleisch in ca. 15 cm lange, 4–5 cm dicke Streifen oder dicke Würfel schneiden und nochmals 30 Minuten im Kühlschrank oder 15–20 Minuten im Tiefkühler kühlen. Anschließend (evtl. mit anderen Zutaten wie Zwiebeln oder Kräutern) durchdrehen.

2

GUT IN FORM

Um das Hackfleisch nun in (Patty-)Form zu bringen, gibt es mehrere Möglichkeiten: evtl. abgewogene gleich schwere Fleischportionen in einen Dessertring (10 cm Durchmesser) pressen oder das Fleisch zwischen Frischhaltefolie 1 cm dick ausrollen und dann mit einem 10 cm Durchmesser runden Ausstecher Pattys ausstechen. Ansonsten eine Kugel formen und platt drücken, Profis nehmen eine Burgerpresse.

3

IN DER RUHE LIEGT DER SAFT

In die fertigen Pattys auf einer Seite mit dem Daumen eine kleine Vertiefung drücken: Das verhindert, dass sich das Fleisch später beim Braten aufwölbt. Pattys dann auf einer dünn mit Öl ausgestrichenen flachen Platte auslegen, mit Frischhaltefolie abdecken und mindestens 30 Minuten bis zur Verwendung kühlen bzw. ziehen lassen.

4

JETZT WIRD'S HEISS

Pattys aus dem Kühlschrank nehmen. Nun nach Wunsch auf dem heißen Grill (Holzkohle oder Gas), in einer Grillpfanne (vorher ganz dünn ölen) oder in einer beschichteten Pfanne in wenig Öl in 2–3 Minuten bei großer Hitze braten, wenden und nochmals 2–3 Minuten braten. Bei Burgern mit Käse nach dem Wenden sofort den Käse auflegen und ihn unter einem gewölbten Glasdeckel schmelzen lassen.

5

PERFEKT GEGART

Mit der angegebenen Garzeit werden die Burger in diesem Buch medium, sind innen also noch schön rosa. Wer sie ganz durchgebraten haben will, sollte ihnen 1–1 ½ Minuten mehr Zeit pro Seite geben. Die Pattys erst kurz vor dem Braten salzen und pfeffern. Werden sie länger als eine Viertelstunde vor dem Garen gesalzen, entzieht das Salz dem Fleisch Wasser, es wird trocken und zäh, der Burger kompakt und fest, statt saftig locker.

BAKE YOUR OWN BUNS

Klar, fertige Burger Buns gibt's inzwischen in jedem Supermarkt zu kaufen. Aber wer einmal diese wunderbar fluffig weichen Brötchen selbst gemacht hat, wird die gekauften zukünftig links liegen lassen – zumal sie sich selbst gebacken immer wieder neu variieren lassen.

01 BURGER BUNS

DAS BRAUCHST DU

FÜR 10 STÜCK

20 g frische Hefe (½ Würfel)

2 EL Zucker

400 g Mehl (Type 550)

Salz

4 EL Milch

2 Eier (Größe M)

75 g sehr weiche Butter (richtig cremig)

1 Eiweiß

TIPP

Werden weniger als 10 Buns benötigt, können die frisch gebackenen Buns nach dem Auskühlen auch eingefroren werden.

SO GEHT'S

1 Die Hefe mit 1 TL Zucker und 100 ml lauwarmem Wasser verrühren. 10–15 Minuten an einem warmem Ort gehen lassen. Das Mehl mit 1 knappen TL Salz und übrigem Zucker mischen. 80 ml Wasser mit Milch lauwarm erhitzen und mit Hefeansatz und Eiern auf kleinster Stufe mit der Küchenmaschine 3–4 Minuten verkneten. Butter zugeben und auf mittlerer Stufe unterkneten, dann weitere 5–6 Minuten auf höchster Stufe kneten.

2 Teig in eine mit Mehl ausgestreute Schüssel (möglichst eine mit Deckel nehmen für später!) zugedeckt an einem warmen Ort (mindestens Zimmertemperatur) 1 Stunde gehen lassen, dann weitere 2 Stunden in der verschlossenen Schüssel im Kühlschrank gehen lassen. Anschließend den Teig durchkneten, teilen und zu 10 etwa gleich schweren Portionen auswiegen.

3 Aus den Teigportionen mit den Fingern flache Fladen formen und zur Kugel „wirken" – d. h. den Teig ringsum in kleinen Stücken zipfelig nach innen schlagen, den nächsten Zipfel darüberlegen und so weiter. Dann die so entstandene runde Kugel wenden und auf ein mit Backpapier ausgelegtes Blech setzen (mindestens 5 cm Abstand zueinander), leicht flach drücken und 1 Stunde mit einem sauberen Geschirrtuch abgedeckt gehen lassen.

4 Den Backofen auf 200 °C (Ober-/Unterhitze) vorheizen. Das Eiweiß mit 1 EL Wasser und 2 Prisen Salz vermischen, die Teiglinge damit bestreichen und die Buns in 15–20 Minuten goldbraun backen. Sie sind fertig, wenn sie hohl klingen, wenn man von unten gegen ein Brötchen klopft. Herausnehmen, kurz abkühlen lassen, dann auf einem Kuchengitter vollständig abkühlen lassen.

1

2

3

4

COLOR YOUR BUNS

Für grüne Buns 2 EL Spinatpulver, für rote 3 EL Rote-Bete-Pulver (beides für Smoothies aus dem Bioladen) und für schwarze 24 g Tintenfischtinte (gibt es in 4-g-Päckchen), für gelbe 0,1 g in 3 EL heißer Milch gelöstes Safranpulver mit dem Hefeansatz zum Mehl geben.

PIMP YOUR BUNS

Wer will, kann die Buns vor dem Backen noch zusätzlich mit „Deko" bestreuen, z. B. mit: schwarzen oder hellen Sesamsamen, Schwarzkümmel, Kümmel, Getreideflocken, Leinsamen, Sonnenblumen- oder Kürbiskernen, geriebenem Parmesan, geraspeltem Emmentaler, getrockneten Kräutern (Oregano, Thymian, Rosmarin) oder sogar getrockneten Blüten (gibt's im Bioladen).

02 VEGANE BUNS

DAS BRAUCHST DU

FÜR 10 STÜCK

¾ Würfel Hefe
(ca. 30 g)

2 ½ EL Vollrohrzucker

1 geh. TL Leinsamenmehl

250 ml Mandelmilch

40 g Kokosöl

380 g Mehl
(Type 405)

Salz

2–3 EL Mandelsahne

SO GEHT'S

1 Die Hefe in ein Schälchen bröckeln und mit 50 ml lauwarmem Wasser und ½ EL Zucker verrühren, bis sich die Hefe aufgelöst hat. Zugedeckt an einem warmen Ort 10–15 Minuten gehen lassen, bis die Hefe kräftig zu arbeiten anfängt.

2 Inzwischen das Leinsamenmehl mit 4 EL Wasser gründlich verrühren und quellen lassen. Mandelmilch mit Kokosöl lauwarm erhitzen – sollte das Kokosöl fest sein, es in der Nussmilch schmelzen lassen und beides anschließend lauwarm abkühlen lassen. In einer Rührschüssel das Mehl mit einem knappen ¾ TL Salz und übrigem Zucker mischen. Eine Mulde eindrücken.

3 Die Mandelmilch-Fett-Mischung in die Mehlmulde gießen, etwas Mehl darüberlöffeln, dann die Hefe zugeben. Zügig mit den Knethaken des Handrührgeräts oder der Küchenmaschine zunächst auf kleinster Stufe ca. 5 Minuten kneten, bis sich alle Zutaten verbunden haben. Dann auf höchster Stufe weitere 5–6 Minuten kneten, bis sich ein feuchter, weicher, elastischer Teig gebildet hat, dabei ggf. etwas Mehl dazugeben. Der Teig ist anfangs recht weich und glänzend fettig – das ist völlig in Ordnung, auf keinen Fall zu viel Mehl zugeben.

4 Den Teig zur Kugel rollen oder mit der Teigkarte zusammenfalten und in eine leicht bemehlte Schüssel geben. Mit einem feuchten, sauberen Geschirrtuch abdecken und an einem warmen Ort 45–60 Minuten gehen lassen, bis sich das Teigvolumen verdoppelt hat.

5 Den Teig zusammenkneten oder falten, dann in 10 etwa gleich große, gleich schwere Portionen teilen. Daraus 10 runde Bällchen formen oder wirken (s. S. 12) und mit Abstand zueinander auf ein bzw. zwei mit Backpapier ausgelegte Bleche setzen und etwas flacher drücken. Mit dem feuchten Tuch abdecken und weitere 30 Minuten gehen lassen.

6 Inzwischen den Backofen auf 200 °C (Ober-/Unterhitze) vorheizen. Die gegangenen Buns mit Mandelsahne bestreichen (nach Wunsch noch bestreuen s. S. 13) und die Buns im heißen Ofen (Mitte) in 15-20 Minuten goldbraun backen, herausnehmen, kurz abkühlen lassen, dann auf einem Kuchengitter vollständig auskühlen lassen.

03 KARTOFFEL-BUNS

DAS BRAUCHST DU

FÜR 10 STÜCK

200 g mehlig
kochende Kartoffeln

Salz

200 ml Milch

½ Würfel Hefe
(ca. 21 g)

2 ½ EL Zucker

600 g Mehl
(Type 550)

70 g Butter

1 Ei
(Größe M)

Zum Bepinseln

1 Ei
(Größe S)

Salz

TIPP

Wer die Buns noch mit Deko bestreuen möchte: Hier passen klein gehackte Rosmarinnadeln, getrockneter Majoran, Haselnussblättchen oder getrocknete essbare Blüten (aus dem Bioladen).

SO GEHT'S

1 Die Kartoffeln schälen und in kleine Stücke schneiden. In ausreichend Salzwasser in 15–20 Minuten weich garen, abgießen, dabei das Kochwasser auffangen. 60 ml heißes Kochwasser mit 60 ml Milch mischen, die Mischung sollte lauwarm sein, dann Hefe hineinbröckeln, mit ½ TL Zucker verrühren und, mit einem sauberen Tuch abgedeckt, an einem warmen Ort 10–15 Minuten gehen lassen.

2 Restlichen Zucker, ¾ TL Salz mit Mehl in einer Rührschüssel mischen, eine Mulde eindrücken. Die heißen Kartoffeln mit einer Gabel ganz fein zerdrücken, sodass keine Stückchen mehr vorhanden sind. Dann sofort die Butter in Stückchen zugeben und unterrühren, damit sie in der Kartoffelmasse schmilzt. Anschließend erst die Milch, dann das Ei gründlich unterrühren.

3 Die Kartoffelmasse lauwarm abkühlen lassen, dann ins Mehl gießen, etwas Mehl darüberlöffeln und dann den Hefeansatz zugeben. Alles erst mit den Knethaken des Handrührgeräts oder der Küchenmaschine auf kleinster Stufe kneten, bis sich alle Zutaten verbunden haben, dabei evtl. noch etwas Kartoffelkochwasser zugeben, bis ein feuchter, weicher Teig entstanden ist. Dann den Teig weitere 5–6 Minuten auf höchster Stufe kneten. Den weichen Teig in eine leicht bemehlte Schüssel geben und, mit einem sauberen, feuchten Geschirrtuch abgedeckt, 1 Stunde an einem warmen Ort gehen lassen, bis er sein Volumen verdoppelt hat.

4 Den Teig nochmals von Hand mit ein wenig Mehl auf der Arbeitsfläche durchkneten, dann zur Kugel formen und in 10 gleich große, etwa gleich schwere Portionen teilen. Jede Portion zur Kugel wirken (siehe S. 12), leicht platt drücken und mit reichlich Abstand zueinander auf ein oder zwei mit Backpapier ausgelegte Bleche verteilen. Mit einem Tuch abdecken und weitere 30–45 Minuten gehen lassen.

5 Den Backofen auf 200 °C (Ober/Unterhitze) vorheizen. Ei mit 2 EL Wasser und 2 Prisen Salz verquirlen. Die Kartoffel-Buns damit bestreichen (nach Wunsch noch bestreuen, s. S. 13), dann die Bleche nacheinander im heißen Ofen (Mitte, Umluft 180 °C) in 15–20 Minuten goldbraun backen. Herausnehmen und auf einem Kuchengitter abkühlen lassen.

04 ORIENTAL BUNS

DAS BRAUCHST DU

FÜR 10 STÜCK

100 ml Milch

1 Würfel Hefe
(ca. 42 g)

2 ½ EL Honig

25 g Butter

500 g Mehl
(Type 550)

Salz

200 g Joghurt
(3,8 % Fett)

1 Ei
(Größe S)

2 EL Schwarzkümmel
(siehe Tipp)

TIPP

*Schwarzkümmel (auch Nigella)
wird in der orientalischen Küche
gerne als Gewürz verwendet –
man kennt es vor allem auf
Fladenbrot gestreut.
Erhältlich ist Schwarzkümmel
in Gewürz- oder Asialäden
(bei den indischen Gewürzen).
Wer keinen bekommt, lässt ihn
weg oder nimmt stattdessen
(schwarze) Sesamsamen.*

SO GEHT'S

1 Gut die Hälfte der Milch lauwarm erwärmen, Hefe hineinbröckeln und mit ½ EL Honig verrühren, bis sich die Hefe aufgelöst hat. Zugedeckt an einem warmen Ort 10–15 Minuten gehen lassen, bis die Hefe kräftig zu arbeiten anfängt.

2 Inzwischen 50 ml Wasser, Butter und übrigen Honig zur Milch geben und alles unter gelegentlichem Rühren erwärmen, bis die Butter geschmolzen ist und der Honig sich aufgelöst hat, vom Herd nehmen und lauwarm abkühlen lassen. Währenddessen in einer Rührschüssel das Mehl mit 1 knappen TL Salz mischen, eine Mulde eindrücken.

3 Joghurt mit der Buttermischung verrühren und in die Mehlmulde gießen, etwas Mehl darüberlöffeln, dann die Hefe zugeben. Zügig mit den Knethaken des Handrührgeräts oder der Küchenmaschine erst auf kleinster Stufe ca. 5 Minuten kneten, bis sich alle Zutaten verbunden haben. Dann auf höchster Stufe weitere 5–6 Minuten kneten, bis sich ein feuchter, weicher, elastischer Teig gebildet hat, dabei ggf. ein wenig Wasser oder Milch dazugeben.

4 Den Teig zur Kugel rollen oder mit der Teigkarte zusammenfalten und in eine leicht bemehlte Schüssel geben. Mit einem feuchten sauberen Geschirrtuch abdecken und an einem warmen Ort 1 Stunde gehen lassen, bis sich das Teigvolumen verdoppelt hat.

5 Den Teig zusammenkneten oder falten, dann in 10 etwa gleich große, gleich schwere Portionen teilen. Daraus 10 runde Bällchen formen oder wirken (s. S. 12) und mit Abstand zueinander auf ein bzw. zwei mit Backpapier ausgelegte Bleche setzen und etwas flacher drücken. Mit dem feuchten Tuch abdecken und weitere 30 Minuten gehen lassen.

6 Inzwischen den Backofen auf 200°C (Ober-/Unterhitze) vorheizen. Das Ei mit 2 EL Wasser und 2 Prisen Salz verquirlen. Die gegangenen Buns damit bestreichen, Schwarzkümmel obenauf streuen und die Buns im heißen Ofen (Mitte) in 15–20 Minuten goldbraun backen, herausnehmen, kurz abkühlen lassen, dann auf einem Kuchengitter vollständig auskühlen lassen.

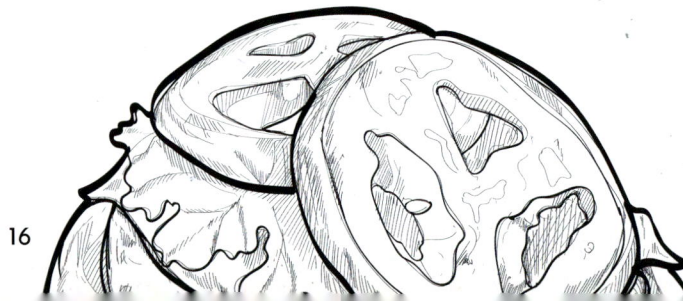

05 BAO BUNS

DAS BRAUCHST DU

FÜR 6 STÜCK

300 g Mehl
(Type 405)
2 ½ EL Zucker
1 Päckchen Trockenhefe
1 TL Backpulver
Salz
2 EL Sonnenblumenöl

TIPP

*Die Bambusdämpfkörbe gibt
es preisgünstig in Asialäden,
aber auch ein normaler mit Papier
ausgelegter Dämpfeinsatz
funktioniert, dann ggf. die Buns
nacheinander dämpfen.*

SO GEHT'S

1 Vom Mehl 2 gehäufte EL abnehmen und mit ½ TL Zucker, Hefe und 50 ml lauwarmem Wasser in einem Schälchen verrühren, zugedeckt an einem warmen Ort 20–25 Minuten gehen lassen, bis die Hefe kräftig arbeitet.

2 Inzwischen übriges Mehl, übrigen Zucker, Backpulver und 1 Prise Salz in einer Rührschüssel mischen. Hefeansatz, 150 ml lauwarmes Wasser und das Öl zugeben und mit den Knethaken des Handrührgeräts oder der Küchenmaschine auf kleinster Stufe kneten, bis sich alle Zutaten verbunden haben, dann weitere 4–5 Minuten auf höchster Stufe kräftig durchkneten. Der Teig sollte nicht zu trocken, aber auch nicht zu feucht, sondern kompakt formbar sein, daher ggf. wenig Wasser oder Mehl zugeben. Zur Kugel formen, in eine Schüssel geben, ein feuchtes Tuch über die Schüssel legen und den Teig an einem warmen Ort 30 Minuten gehen lassen, bis er sein Volumen fast verdoppelt hat.

3 Den Teig einmal kurz durchkneten und in 6 gleich große Portionen teilen. Diese zur Kugel formen und auf einer bemehlten Arbeitsfläche mit der Teigrolle oder von Hand zu knapp 1 cm hohen runden Fladen ausrollen oder drücken. Auf eine mit Backpapier ausgelegte Platte legen, mit einem feuchten Tuch abdecken und weitere 30 Minuten gehen lassen. Inzwischen aus Backpapier 6 ca. 8 × 12 cm große Rechtecke zurechtschneiden. Zwei Dämpfkörbe am Boden mit Backpapier auslegen und das Backpapier mehrmals mit einem Messer einstechen.

4 Einen Topf ca. 3 cm hoch mit Wasser füllen und zum Kochen bringen. Die Teigfladen in der Mitte zusammenklappen, dabei jeweils eines der Backpapierrechtecke mittig dazwischen einlegen, damit die beiden Hälften nicht zusammenkleben. Je 3 Buns in einen Korb legen und die Körbe übereinandergestapelt in den Topf setzen, Topfdeckel auflegen. Bei mittlerer Hitze über heißem Wasserdampf 15 Minuten dämpfen, dabei den Topfdeckel nicht heben, damit die Buns nicht zusammenfallen. Vom Herd nehmen und 5 Minuten im Topf ruhen lassen, dann den Deckel abnehmen und die Buns auskühlen lassen. Vor dem Befüllen das Papier aus den Buns herausziehen.

MAKE YOUR OWN
KETCHUP

*Bei Burgern darf man ruhig rot sehen: Neben Mayonnaise
ist Ketchup die einfachste und erste Wahl – alternativ für
alle Grillfans: feurig rauchige Barbecuesauce.*

06 HOMEMADE KETCHUP

DAS BRAUCHST DU

FÜR 300 ML

1 Zwiebel

1 Knoblauchzehe

2 EL Rohrohrzucker

1 ½ EL Tomatenmark

3–4 EL Weißweinessig

400 g stückige Tomaten
(aus der Dose)

¼ TL Ajowan
(s. S. 19)

⅓ TL gemahlener Piment

2 Msp. Zimtpulver

1 TL Sojasauce

Salz, Pfeffer

SO GEHT'S

1 Die Zwiebeln und den Knoblauch schälen und fein würfeln. Zucker in
einem Topf hellbraun karamellisieren lassen, Zwiebel und Knoblauch
zugeben und unter Rühren 1 Minute anbraten, dann Tomatenmark unterrühren und kurz mit anrösten. Mit Essig ablöschen und alles 1 Minute
köcheln lassen, dann die Tomaten dazugeben und zum Kochen bringen.

2 Inzwischen Ajowan im Mörser fein zerreiben. Mit den übrigen Gewürzen
und Sojasauce zu den Tomaten geben, gut unterrühren, leicht salzen
und pfeffern. Die Hitze reduzieren und alles bei kleiner Hitze offen
in ca. 1 Stunde dickflüssig einkochen lassen, dabei immer mal wieder
gründlich umrühren, gegen Garzeitende öfter, damit nichts anbrennt.

3 Den Ketchup nach Wunsch pürieren und nochmals mit Salz, Pfeffer
und evtl. Essig abschmecken. Sofort heiß in eine sauber ausgespülte
Glasflasche füllen, diese sofort verschließen und den Ketchup abkühlen
lassen. Im Kühlschrank hält er gut 1 Monat.

VARIANTEN

Auch Ketchup lässt sich immer wieder abwandeln: Fruchtig wird er, wenn
man anstelle des Zuckers 5 getrocknete, klein geschnittene Datteln oder
150 g klein geschnittene frische Ananas, Aprikosen oder Mango mitkocht.
Dann evtl. noch mit etwas Currypulver abschmecken; apropos: für
einfachen Curryketchup einfach 1–2 TL Currypulver am Ende unter den
Ketchup rühren und, wie beschrieben, pürieren und abschmecken.

07 THE ONE AND ONLY BARBECUE SAUCE

DAS BRAUCHST DU

FÜR 450 ML

1 große Zwiebel

1 Knoblauchzehe

2 EL Sonnenblumenöl

6 EL Rohrohrzucker

1 ½ EL Tomatenmark

150 ml Ketchup
(s. S. 18 oder gekauft)

150 ml Apfelsaft

80 ml Whiskey
(möglichst rauchig
schmeckenden)

4 EL Worcestersauce

4 EL Weißweinessig

⅓ TL Ajowan
(siehe Tipp)

⅓ TL gemahlener Piment

½–1 TL gemahlenes, geräuchertes
Chipotle-Chilipulver
(ersatzweise Chilipulver
und Piménton de la vera)

2 EL Sojasauce

1 TL (dänisches) Rauchsalz

Pfeffer

SO GEHT'S

1 Die Zwiebel und den Knoblauch schälen und fein würfeln. Öl in einem Topf erhitzen, darin beides bei kleiner Hitze 5–7 Minuten anschwitzen, ohne dass die Zwiebeln bräunen. Zucker und Tomatenmark zugeben und den Zucker unter Rühren in 4–5 Minuten schmelzen lassen.

2 Inzwischen Ketchup, Apfelsaft und Whiskey mit Worcestersauce und Weißweinessig verrühren. Ajowan im Mörser fein zerreiben. Alles mit Piment und der Hälfte Chilipulver in den Topf geben und verrühren. Bei mittlerer Hitze ca. 1 Stunde köcheln lassen, die Sauce sollte dabei richtig blubbern und merklich einkochen. Gelegentlich, gegen Ende häufiger umrühren, damit nichts anbrennt und Sojasauce unterrühren.

3 Gegen Garzeitende mit übrigem Chilipulver, Rauchsalz und Pfeffer nach persönlichem Belieben mehr oder weniger scharf abschmecken. Die Sauce nach Wunsch pürieren und kochend heiß in eine sauber ausgespülte Glasflasche füllen und sofort verschließen. Abkühlen lassen. Die Sauce hält im Kühlschrank ca. 2 Monate.

TIPP

Ajowansamen schmecken stark nach Thymian und Sellerie und werden in der indischen Küche gerne verwendet. Man bekommt sie preisgünstig im Asialaden. Ein möglicher Ersatz sind Selleriesamen aus dem Bioladen. Die Sauce lässt sich vielfältig variieren: Wer es weniger „rauchig" mag, nimmt normales Salz, wer Whiskey weglassen möchte, nimmt stattdessen mehr Fruchtsaft und Ketchup in gleichen Mengen. Bei den Säften kann man ruhig mit frisch gepresstem Orangensaft, Ananassaft oder Johannisbeersaft experimentieren oder sogar einmal Malzbier oder dunkles Bier nehmen.

KLASSISCH & GUT:
MAYO SELBST GEMACHT

Mayonnaise selber machen ist kein Hexenwerk: Wer den Pürierstab als Zauberstab einsetzt, kann damit ganz ohne Hokuspokus blitzschnell cremige Mayo zaubern.

08 MAYONNAISE

DAS BRAUCHST DU

FÜR 300 G

2 ganz frische Eigelb
(Größe M)

1 TL Dijon-Senf

1–2 TL Weißweinessig

1–2 TL Zitronensaft

Salz, Pfeffer

Zucker

180–220 ml Sonnenblumen-
oder Olivenöl

SO GEHT'S

1 Die Zutaten alle rechtzeitig aus dem Kühlschrank nehmen, sie sollten alle die gleiche (Zimmer-)Temperatur haben. Eigelbe in ein hohes Mixgefäß geben, 1 TL Dijon-Senf, je 1 TL Essig und Zitronensaft, Salz, Pfeffer und 1 Prise Zucker dazugeben.

2 Alles mit dem Pürierstab einmal durchmixen. Dann das Öl tröpfchenweise dazugeben und jeweils immer gut untermixen. Sobald die Masse beginnt anzudicken, das Öl in dünnem Strahl zulaufen lassen, dabei den Pürierstab immer von unten nach oben ziehen und weitermixen. So lange Öl zulaufen lassen, bis die gewünschte Konsistenz erreicht ist.

3 Die fertige Mayonnaise anschließend mit restlichem Essig und Zitronensaft, Salz, Pfeffer und ggf. Zucker abschmecken.

GUT ZU WISSEN

Wer will, kann die Mayonnaise auch mit einem ganzen Ei, also Eiweiß und Eigelb herstellen – das funktioniert genauso gut. Wer keinen Pürierstab hat, muss Muskelkraft anwenden: Zutaten, wie in Step 1 beschrieben, kurz mit einem Schneebesen von Hand in einer Rührschüssel verrühren, dann das Öl erst tröpfchenweise, anschließend im dünnen Strahl mit dem Schneebesen kräftig unterschlagen. Leichter wird die Mayonnaise übrigens, wenn man unter die fertige Creme zusätzlich Joghurt oder saure Sahne rührt. Und mit den unterschiedlichsten Würzen lassen sich immer wieder neue Mayonnaise-Varianten erfinden.

Mayonnaise lässt sich unendlich vielfältig abwandeln, hier gibt es ein paar Kostproben, die perfekt zu den unterschiedlichsten Burgern passen. Grundlage ist immer das Rezept von S. 20, oder für alle, die auf Ei verzichten wollen, die Sojanese von S. 22.

KRÄUTER-MAYONNAISE

1 Knoblauchzehe schälen, mit den anderen Grundzutaten in den Mixbecher pressen und die Mayonnaise, wie beschrieben, mixen. 2–3 EL gehackte frische Kräuter (Petersilie, Schnittlauch, Basilikum und Dill) unter die fertige Mayonnaise rühren und anschließend mindestens 15 Minuten ziehen lassen.

SAFRAN-MAYONNAISE

Wie im Grundrezept herstellen, zusätzlich 1 Päckchen Safranpulver (0,1 g) in 1 EL heißem Wasser 10 Minuten einweichen. Dann mit 3 Msp. abgeriebener Bio-Orangenschale und 2 EL Orangensaft mit den Eigelben und den übrigen Zutaten mitpürieren. Dann weitere 4–5 EL Orangensaft unter die fertige Mayonnaise mixen.

WASABI-MAYONNAISE

Den Essig und Zitronensaft vollständig durch Limettensaft ersetzen. Unter die fertige Mayonnaise 2 TL Wasabipaste (aus der Tube, ersatzweise Meerrettich), 1 TL Honig oder Ahornsirup und ½ TL Sojasauce mixen.

ORANGEN-MAYONNAISE

1 Bio-Orange heiß waschen und abtrocknen. Zitronensaft im Rezept durch Orangensaft ersetzen und eine möglichst feste Mayonnaise mixen. 1 TL Orangenschale mit 4–5 EL Saft und 1 TL Orangenmarmelade unter die fertige Mayonnaise rühren. Mit Chilipulver und 2 Msp. Vanillemark abschmecken.

MARACUJA-MAYONNAISE

3 Passionsfrüchte (Maracujas) mit 2 EL frisch gepresstem Orangensaft und 10 g fein gehacktem frischen Ingwer kurz in einem Topf aufkochen, abkühlen lassen, durch ein feines Sieb streichen. Aufgefangenen Saft mit ⅓ TL Currypulver und 1 Prise Chilipulver unter die Mayo mixen, mit ½–1 TL Honig oder Ahornsirup abschmecken.

ESTRAGON-MAYONNAISE

Grundrezept zubereiten, dabei kann, wer möchte, den Dijon-Senf durch 1½ TL körnigen Senf ersetzen. 3 Stängel Estragon waschen, trocken schütteln, fein hacken, unter die Mayonnaise rühren. 15 Minuten ziehen lassen.

KNOBLAUCH-MAYONNAISE

2 Knoblauchzehen schälen und mit den anderen Grundzutaten in den Mixbecher pressen. Die Mayonnaise, wie beschrieben, mixen und evtl. noch mit etwas weißem Pfeffer und Chilipulver kräftig würzen.

LIMETTEN-MAYONNAISE

1 Limette heiß waschen, abtrocknen und die Schale fein abreiben, Limette halbieren und den Saft von einer Hälfte auspressen. Zitronensaft und Essig durch Limettensaft ersetzen. 1 Knoblauchzehe schälen und ebenfalls mit den anderen Grundzutaten in den Mixbecher pressen. Die Schale unter die fertige Mayonnaise rühren und mit übrigem Limettensaft, etwas Zucker und 1–2 Spritzern Chilisauce (z. B. Sriracha) abschmecken.

RED-HOT-MAYONNAISE

1 Knoblauchzehe schälen und mit den anderen Grundzutaten in den Mixbecher pressen. Anschließend 1–1½ TL Harissa (nordafrikanische Chilipaste, ersatzweise Chilisauce wie z. B. Sriracha) unter die Mayonnaise rühren. Mit 1 TL Honig und 2 Msp. Kurkumapulver abschmecken, je 1 TL gehackte Petersilie und Koriandergrün unterrühren.

MISO-MAYONNAISE

Die Mayonnaise, wie beschrieben, zubereiten, dann 2 EL helle Misopaste unterrühren. Mit 1–2 Spritzer Chilisauce (z. B. Sriracha) und 1–2 EL Orangensaft abschmecken.

MAYONNAISE MAL
GANZ OHNE EI

*Wer sich nicht an rohes, frisches Ei traut oder vegan genießen möchte,
wird hier fündig. Aber auch alle Experimentierfreudigen, die einmal
richtig tolle Mayovarianten testen möchten.*

09 SOJANESE

DAS BRAUCHST DU

80 ml ungesüßte Sojamilch

½ Knoblauchzehe

¾ TL gekörnte Gemüsebrühe
(Pulver)

1 TL Dijon-Senf

2–3 EL Orangensaft

125–180 ml Sonnenblumenöl

1 TL Weißweinessig

1 TL Ahornsirup oder 2–3 Prisen
Zucker

Salz, Pfeffer

2 Msp. Chilipulver

2–3 EL Sojajoghurt
(nach Belieben)

SO GEHT'S

1 Die zimmerwarme Sojamilch in ein hohes Mixgefäß geben, Knoblauch
schälen, grob zerschneiden, mit Gemüsebrühe, Senf und 3 Spritzern Orangensaft zur Sojamilch geben. Kräftig mit dem Pürierstab durchmixen.

2 Dann das Öl tröpfchenweise zugeben und ständig weitermixen, dabei
den Pürierstab immer von oben nach unten führen. Sobald die Milch
andickt, so viel von dem Öl in dünnem Strahl zugießen und weitermixen,
bis die gewünschte Konsistenz erreicht ist.

3 Zuletzt Essig, Ahornsirup oder Zucker untermixen. Mit Salz, Pfeffer und
Chilipulver würzen und mit restlichem Orangensaft abschmecken. Nach
Wunsch Sojajoghurt unterrühren – es macht die Sojanese etwas leichter
und gibt ihr zusätzlich eine schöne Konsistenz.

TIPP

*Nach ähnlichem Prinzip lässt
sich auch vegane Mayonnaise
mit Mandelmilch, Hafermilch
oder sogar Kokosmilch herstellen.
Wer seine Mayonnaise nicht
unbedingt vegan, dafür aber nur
ohne rohes Ei will, kann auch
normale Kuhmilch nehmen –
die sollte wie alle alternativen
Milcharten zimmerwarm sein.*

10 CASHEW-COCKTAIL-SAUCE

DAS BRAUCHST DU

80 g Cashewkerne
(oder preiswert: Cashewbruch)

½ Knoblauchzehe

2 Zweige Thymian

4 getrocknete, in Öl eingelegte Tomaten

1 TL körniger Senf

1 TL Hefeflocken

Salz, Pfeffer

2 Spritzer Chilisauce (z. B. Sriracha)

SO GEHT'S

1 Die Cashewkerne mindestens 4 Stunden (oder über Nacht) in 150 ml kaltem Wasser einweichen.

2 Cashewkerne in ein Sieb abgießen, dabei das Einweichwasser auffangen. Knoblauch schälen und grob hacken. Thymian waschen, trocken schütteln, Blättchen abzupfen. Tomaten abtropfen lassen und grob zerschneiden. Alles mit Senf und Hefeflocken in ein hohes Mixgefäß geben und mit gerade so viel Einweichwasser pürieren, dass eine cremige Sauce entsteht. Mit Salz, Pfeffer und Chilisauce abschmecken.

11 ASIATISCHE GRÜNE TOFUNAISE

DAS BRAUCHST DU

½ kleines Bund Koriandergrün

1 Knoblauchzehe

250 g Seidentofu

50–70 ml Olivenöl

2 EL Limettensaft

Salz, Pfeffer

2–3 Msp. Chiliflocken

SO GEHT'S

1 Das Koriandergrün waschen, gründlich trocken schütteln, Blätter abzupfen und grob zerschneiden, Knoblauch schälen und grob hacken. Beides in ein hohes Mixgefäß geben.

2 Seidentofu abtropfen lassen, löffelweise abstechen und in den Mixbecher geben. 50 ml Öl und Limettensaft zugeben und alles mit dem Pürierstab zu einer cremigen Mayonnaise mixen, dabei evtl. noch restliches Öl zugeben und untermixen, wenn die Konsistenz zu dünn ist. Mit Salz, Pfeffer und Chiliflocken würzen.

ES MUSS NICHT IMMER
KETCHUP SEIN...

Neben Mayonnaise und Ketchup gibt es inzwischen noch ein paar mehr „Klassiker", die Pep auf den Burger bringen – oder auch mal als Dip zu Burgerbeilagen taugen.

12 GUACAMOLE

DAS BRAUCHST DU

2 reife Avocados
Saft von 1 Limette
1 Knoblauchzehe
2 Frühlingszwiebeln
1 Tomate
Salz, Pfeffer
2 Msp. Chilipulver
½ TL gemahlener Kreuzkümmel

SO GEHT'S

1 Avocados halbieren, Kern entfernen und das Fruchtfleisch aus der Schale löffeln, sofort mit dem Limettensaft mischen, damit es nicht braun wird. Knoblauch schälen und durchdrücken. Frühlingszwiebeln waschen, trocken schütteln, den grünen Teil in feine Ringe schneiden, den weißen Teil längs vierteln und fein hacken. Tomate waschen halbieren, Kerne herauslöffeln und das Fruchtfleisch klein würfeln, dabei den Stielansatz entfernen.

2 Avocado mit einer Gabel zermusen und die übrigen Zutaten anschließend untermengen. Mit Salz, Pfeffer, Chilipulver und Kreuzkümmel würzen und möglichst noch 30 Minuten ziehen lassen.

13 KORIANDER-CHUTNEY

DAS BRAUCHST DU

2 EL Kokosraspel
50 g Koriandergrün
25 g Minze
1 Knoblauchzehe
1 grüne Chilischote
2 EL Limettensaft
Salz, Pfeffer
brauner Zucker

SO GEHT'S

1 Kokosraspel mit 50 ml kochendem Wasser übergießen und 15 Minuten quellen lassen. Inzwischen Koriandergrün und Minze waschen, Blätter abzupfen und grob zerschneiden. Knoblauch schälen und grob hacken, Chilischote putzen und mit Kernen grob zerschneiden.

2 Alles mit den Kokosraspeln (samt Wasser), Limettensaft, Salz, Pfeffer und ½ TL Zucker im Blitzhacker oder mit dem Pürierstab pürieren, möglichst 1 Stunde ziehen lassen. Anschließend nochmals mit Limettensaft, Salz und Pfeffer abschmecken.

14 JOGHURTSAUCE MIT MINZE

DAS BRAUCHST DU

½ Knoblauchzehe

1 Bio-Zitrone

200 g griechischer Joghurt

1 TL Weißweinessig

1 EL Olivenöl

½ TL Honig

Salz, Pfeffer

⅓ TL gemahlener Kreuzkümmel

4 Stängel Minze

2 Stängel Dill

SO GEHT'S

1 Knoblauch schälen und in ein Schälchen pressen, Zitrone waschen, die Schale abreiben, den Saft auspressen. Knoblauch mit Joghurt, ½ TL Zitronenschale, 1 EL Zitronensaft, Essig, Öl und Honig verrühren. Mit Salz, Pfeffer und Kreuzkümmel würzen.

2 Die Kräuter waschen, trocken schütteln, Blättchen bzw. Spitzen abzupfen und fein hacken, unter die Joghurtsauce rühren und 5–10 Minuten ziehen lassen.

15 MANGO-CHUTNEY

DAS BRAUCHST DU

1 reife Mango

1 kleine Zwiebel

1 Knoblauchzehe

15 g frischer Ingwer

1 EL Öl

250 ml frisch gepresster Orangensaft

je 2 Nelken und grüne Kardamomkapseln

1 EL Honig

Chilipulver

½ TL Currypulver

2 EL Weißweinessig

Salz

SO GEHT'S

1 Die Mango schälen und das Fruchtfleisch schräg vom Stein schneiden, klein würfeln. Zwiebel, Knoblauch und Ingwer schälen und getrennt fein hacken. Öl in einem kleinen Topf erhitzen, darin Zwiebel und Knoblauch glasig anschwitzen. Mango zugeben und 2–3 Minuten anschwitzen.

2 Orangensaft und 150 ml Wasser zugeben. Ingwer, Nelken und Kardamom (die Kardamomkapsel vorher anquetschen) und Honig unterrühren. Alles bei kleiner Hitze 20–25 Minuten offen einkochen lassen.

3 Die ganzen Gewürze aus dem Chutney fischen und das Chutney mit Chili- und Currypulver, Essig und Salz würzen, nochmals 5 Minuten köcheln lassen. Dann heiß in sauber gespülte Gläser füllen und diese sofort verschließen. So hält sich das Chutney im Kühlschrank ca. 1 Monat.

WAS BURGER NOCH
FEINER MACHT...

Sie geben Burgern Saures, auch mal Scharfes oder sogar ein bisschen Süßes: eingelegtes Gemüse, das schnell gemacht ist und sich auch für den Vorrat eignet.

16 ROTE-ZWIEBEL-PICKLES

DAS BRAUCHST DU

2 rote Zwiebeln
1 Knoblauchzehe
1 TL Rohrohrzucker
¾ TL Meersalz
200 ml Weißweinessig
¼ TL schwarze Pfefferkörner
2 Zweige Thymian

SO GEHT'S

1 Die Zwiebeln schälen und in Ringe schneiden. Knoblauch schälen und in Scheiben schneiden. In einem kleinen Topf 300 ml Wasser aufkochen. Vom Herd nehmen, die Zwiebelringe und Knoblauch ins heiße Wasser geben. Anschließend sofort wieder abgießen und abtropfen lassen.

2 Inzwischen Zucker, Salz und Essig mit den Pfefferkörnern unter Rühren erhitzen, bis der Zucker sich aufgelöst hat. Lauwarm abkühlen lassen. Thymian waschen und trocken schütteln, mit den Zwiebeln in ein Glas füllen und die Essigmischung darübergießen. Glas verschließen und abkühlen lassen. Die Zwiebelringe 1 Tag ziehen lassen. Im Kühlschrank aufbewahrt, halten sie im Glas verschlossen mehrere Wochen.

17 ROSA-RETTICH-PICKLES

DAS BRAUCHST DU

200 g weißer (Daikon)Rettich
½ kleine Rote Bete
(ca. 40 g)
150 ml Reisessig
2 EL Zucker, ½ TL Meersalz

SO GEHT'S

1 Den Rettich und die Rote Bete waschen, putzen, schälen und in feine Scheiben schneiden oder hobeln (dazu Gummihandschuhe tragen, die Beten färben stark). Beides miteinander mischen und in ein ausreichend großes Schraubglas füllen.

2 Essig, Zucker und Salz in einem Topf unter Rühren erhitzen, bis sich der Zucker vollständig aufgelöst hat. Heiß über die Rettich-Bete-Mischung gießen, das Gemüse gut hineindrücken und das Glas verschließen. An einem kühlen Ort 2–3 Tage durchziehen lassen. An einem kühlen Ort halten sich die Pickles gut 1 Monat.

18 SCHARFE INGWER-MÖHREN-PICKLES

DAS BRAUCHST DU

250 g Möhren
20 g frischer Ingwer
½ TL Korianderkörner
220 ml Reisessig
3 EL Zucker
¾ TL Meersalz
2 Msp. Chiliflocken

SO GEHT'S

1 Die Möhren schälen, längs mit dem Sparschäler oder auf der Rohkostreibe zu schmalen Streifen abziehen. Ingwer schälen und möglichst fein hacken. Korianderkörner im Mörser nur leicht anquetschen.

2 Essig, Zucker, Salz, Chiliflocken, Koriander und Ingwer in einem Topf unter Rühren erhitzen, bis sich der Zucker vollständig aufgelöst hat. Die Möhren hineingeben und bei kleiner Hitze zugedeckt 1–3 Minuten köcheln lassen. Anschließend samt Würzsud in ein sauber ausgespültes Schraubglas füllen, das Glas verschließen und abkühlen lassen. An einem kühlen Ort 2–3 Tage durchziehen lassen. Im Kühlschrank halten sich die Möhren gut 1 Monat.

19 FIXE GURKEN-PICKLES

DAS BRAUCHST DU

2 Mini-Salatgurken
(ca. 200 g)
Salz
2 Stängel Dill
1 Stängel Estragon
1 Schalotte
150 ml Weißweinessig
50 g Zucker
½ TL gelbe Senfkörner
10 schwarze Pfefferkörner
2 Msp. Chiliflocken

SO GEHT'S

1 Die Gurken waschen und in dünne Scheiben schneiden. In einem Sieb mit ½ TL Salz mischen und 30 Minuten ziehen lassen, damit so viel Wasser wie möglich austreten kann.

2 Inzwischen die Kräuter waschen, trocken schütteln, Spitzen bzw. Blättchen abzupfen und fein hacken. Abwechselnd mit den Gurken in ein sauber gespültes Schraub- oder Bügelglas schichten.

3 Schalotte schälen und in dünne Ringe schneiden. Essig mit 50 ml Wasser in einem Topf aufgießen. Zucker, Schalotte, Senf- und Pfefferkörner, Chiliflocken und Schalottenringe zugeben. Alles unter Rühren zum Kochen bringen, vom Herd nehmen, 1–2 Minuten ziehen lassen, dann heiß über die Gurken gießen.

4 Gurken im Glas etwas zusammendrücken, damit sie gut mit Lake bedeckt sind. Glas verschließen. Abkühlen lassen und mindestens 1 Tag durchziehen lassen, ansonsten halten die Gurken gekühlt ca. 1 Monat.

GEMÜSE AT
ITS BEST

Immer nur ein Salatblättchen, Essiggurke oder Zwiebelring auf dem Burger? Auf gar keinen Fall, neben frischem Gemüse und Salat sind unterschiedlich gegarte Gemüse eine willkommene Abwechslung.

20 RÖSTZWIEBELN

DAS BRAUCHST DU

3 Zwiebeln
1 Knoblauchzehe
Salz
100 g Mehl
250 ml Öl zum Frittieren

SO GEHT'S

1 Zwiebeln schälen und in schmale Ringe oder Streifen schneiden, Knoblauch schälen und quer in Scheiben schneiden. Beides mit einem knappen ½ TL Salz mischen und 15 Minuten Wasser ziehen lassen.

2 Zwiebeln und Knoblauch auf ein sauberes Geschirrtuch geben und im Tuch fest zusammendrücken, damit so viel Zwiebelsaft wie möglich austritt, anschließend nochmals gut trocken tupfen, mit Mehl bestäuben und weitere 5 Minuten ruhen lassen.

3 Inzwischen den Backofen auf 90°C (Ober-/Unterhitze) vorheizen, ein Blech mit Backpapier auslegen. Das Frittieröl erhitzen – es ist heiß genug, wenn am Stiel eines Holzlöffels, den man hineinhält, sprudelnd kleine Perlen aufsteigen. Überschüssiges Mehl von Zwiebeln und Knoblauch klopfen und beides im heißen Öl in 5–6 Minuten knusprig braun frittieren.

4 Die Zwiebeln mit einem Schaumlöffel herausheben und auf Küchenpapier abtropfen lassen. Zwiebeln auf das Blech geben im heißen Ofen in 10–12 Minuten knusprig backen. Sofort verwenden oder abkühlen lassen, oder in ein sauberes Schraubglas füllen und in den nächsten zwei Tagen verwenden.

21 GEGRILLTE PAPRIKA

DAS BRAUCHST DU

4 rote Paprikaschoten

SO GEHT'S

1 Den Backofen auf 250°C (Umluft nicht empfehlenswert) vorheizen. Die Paprikaschoten vierteln, putzen, waschen und mit der Hautseite nach oben auf ein Blech legen. Im heißen Ofen (oben) 25–30 Minuten garen, bis die Haut schwarze Flecken hat. Herausnehmen, kurz abkühlen lassen, dann in einen Gefrierbeutel geben, diesen verschließen und abkühlen lassen. Anschließend die Haut mit einem Messer abziehen und die Schoten längs vierteln.

2 Wer die Schoten im Voraus zubereiten will, kann sie in ein Schraubglas geben und mit Olivenöl begießen, sodass sie gut bedeckt sind; so halten sie im Kühlschrank verschlossen 2–3 Tage.

22 GEBRATENE AUBERGINEN

DAS BRAUCHST DU

2 lange, dünne Auberginen
Salz, Pfeffer
Olivenöl zum Braten

SO GEHT'S

1 Die Auberginen waschen, putzen und längs in ca. 1 cm breite Scheiben schneiden (das geht perfekt auf der Brot- oder Aufschnittmaschine). Die Scheiben salzen und 10–15 Minuten Wasser ziehen lassen. Dann in ein Sieb geben mit kaltem Wasser abbrausen und anschließend gut mit Küchenpapier ausdrücken und trocken tupfen.

2 Eine Grillpfanne mit jeweils ½ EL Öl einpinseln und die Auberginenscheiben portionsweise von jeder Seite ca. 1–2 Minute braten, herausnehmen, salzen, pfeffern und abkühlen lassen.

23 GEBRATENE ZUCCHINI

DAS BRAUCHST DU

2 lange schmale Zucchini
1 Knoblauchzehe
Olivenöl zum Braten
Salz, Pfeffer

SO GEHT'S

1 Die Zucchini waschen, putzen und längs in ca. 1 cm breite Scheiben schneiden (das geht perfekt auf der Brot- oder Aufschnittmaschine). Knoblauch schälen und quer in dünne Scheiben schneiden.

2 Jeweils reichlich Öl in einer beschichteten Pfanne erhitzen, darin die Zucchinischeiben portionsweise mit ein paar Knoblauchscheiben bei großer Hitze 2–3 Minuten braten, wenden und weitere 2–3 Minuten bei mittlerer Hitze braten. Salzen, pfeffern, herausnehmen. Knoblauch dann entfernen.

BESTE BURGER-
BEILAGEN

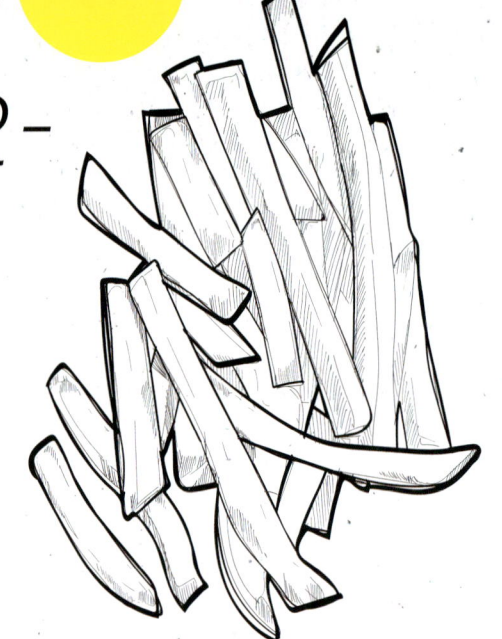

Pommes und Burger sind ein ideales Paar, das alle lieben. Wie wär's aber mal mit einer neuen Kombi mit üppig dicken Süßkartoffelwedges oder ganzen Maiskolben?

24 POMMES FRITES

DAS BRAUCHST DU

4 große vorwiegend
fest kochende Kartoffeln
(à ca. 250 g)
Fett oder Öl zum Frittieren
Salz

TIPP

Zwischen dem ersten und zweiten Frittiergang kann man die einmal gegarten Kartoffeln übrigens gut 2–3 Stunden, auf einem sauberen Geschirrtuch ausgelegt, liegen lassen – ideal also zum Vorbereiten.

SO GEHT'S

1 Kartoffeln schälen, waschen und längs in knapp 1 cm breite Stäbchen schneiden oder durch eine Pommes-frites-Presse drücken. In eine Schüssel mit reichlich Wasser geben und 45 Minuten stehen lassen. Abgießen, kalt abbrausen und in einem Geschirrtuch so gut wie möglich trocknen.

2 Das Öl oder Frittierfett in einem großen Topf oder der Fritteuse (auf 170 °C) erhitzen. Zur Probe ein Kartoffelstäbchen einlegen, wenn zischend große Bläschen aufsteigen, ist das Fett heiß genug zum Frittieren. Jetzt die Kartoffeln portionsweise (bei der Kartoffelmenge in 4–5 Lagen) jeweils 4–5 Minuten darin frittieren, herausheben und auf Küchenpapier abtropfen lassen. Dabei das Fett zwischendurch immer wieder gut aufheizen lassen, sonst kühlt es zu sehr ab und die Pommes ziehen sich anschließend mit Fett voll, anstatt zu garen.

3 Wenn alle Pommes einmal vorfrittiert sind, das Frittierfett wieder richtig heiß werden lassen (Fritteuse 190 °C). Jetzt sollte das Fett beim Test-Kartoffelstäbchen sehr stark sprudeln und viele kleine Bläschen haben. Nun die Pommes frites darin wieder jeweils in kleineren Lagen in jeweils 4–6 Minuten knusprig braun frittieren. Auf Küchenpapier abtropfen lassen und sofort mit Salz bestreuen, evtl. in einer Schüssel im 60 °C warmen Ofen warmhalten.

25 SÜSSKARTOFFEL-WEDGES

DAS BRAUCHST DU

1 kg Bio-Süßkartoffeln
1 Knoblauchzehe
4 EL Olivenöl
1 EL gemahlener Kreuzkümmel
1 EL Paprikapulver
2–3 Msp. Chilipulver
½ TL getrockneter Thymian
2 EL Kartoffelstärke
Salz, Pfeffer

SO GEHT'S

1 Den Backofen samt Backblech auf 220 °C vorheizen. Die Süßkartoffeln sauber in kaltem Wasser abbürsten, quer halbieren, dann längs in dickere Spalten schneiden. Knoblauch schälen und in eine große Schüssel pressen. Mit Olivenöl, den Gewürzen, Thymian und Kartoffelstärke mischen, die Kartoffelspalten gut damit vermengen, salzen und pfeffern.

2 Auf ein Backpapier geben. Das Papier dann vorsichtig auf das heiße Blech ziehen, Kartoffelspalten zügig auf dem Papier verteilen und den Ofen sofort schließen. Die Wedges im heißen Ofen 25–30 Minuten backen, dabei nach ca. 20 Minuten einmal wenden. Aus dem Ofen nehmen und heiß servieren.

26 GEGRILLTE MAISKOLBEN

DAS BRAUCHST DU

4 frische Maiskolben
(mit Blättern)
80 g weiche Butter
½ Bio-Limette
2 Stängel Koriandergrün
1 Knoblauchzehe
Salz, Pfeffer
⅓ TL gemahlener Kreuzkümmel
2 Msp. Chiliflocken

TIPP

Wer keine frischen Kolben bekommt, nimmt vorgegarte (vakuumverpackt). Die kann man auch auf dem Holzkohlegrill in ca. 15 Minuten rundum grillen oder in einer leicht geölten Grillpfanne rundum in 8–10 Minuten braten.

SO GEHT'S

1 Die Maiskolben in den Blättern lassen, allerdings oben an der Spitze leicht öffnen und die Haarfäden mit einer Schere abschneiden. Dann wieder schließen und die Kolben kurz unter fließendem Wasser anfeuchten. Die Maiskolben samt Hülle auf dem glühenden Kohlegrill 35–40 Minuten grillen, dabei immer wieder wenden, bis die Blätter rundum dunkel gebräunt sind.

2 Inzwischen die Butter in ein Schälchen geben. Limette heiß abwaschen, abtrocknen, Schale fein abreiben und den Saft auspressen, Koriandergrün waschen, trocken schütteln, Blättchen abzupfen und fein hacken, beides zur Butter geben. Knoblauch schälen und ebenfalls zur Butter pressen. Mit Salz, Pfeffer, Kreuzkümmel und Chiliflocken mit einer Gabel unter die weiche Butter mengen.

3 Die fertigen Kolben vom Grill nehmen, die Blätter noch so heiß wie möglich nach unten abziehen, dann die Butter auf den Kolben verteilen und schmelzen lassen.

EXTRA FRISCHE
BEILAGEN

Die knackige Alternative zu Pommes oder Kartoffel-Wedges:
drei Supersalate, die sich gut zu allen Burgern machen – und
natürlich auch zu Pommes, Mais und Co. ...

27 ALMOST CLASSIC COLESLAW

DAS BRAUCHST DU

1 kleiner Spitzkohl
(ca. 400 g)

1 dicke Möhre

1 Stange Staudensellerie
(mit Grün)

Salz, Pfeffer

4 EL Mayonnaise
(selbst gemacht s. S. 20
oder aus dem Glas)

5–6 EL süße Sahne

2 EL Weißweinessig

1–2 Spritzer Zitronensaft

2 Frühlingszwiebeln

SO GEHT'S

1 Den Spitzkohl vierteln, waschen, den Strunk keilförmig herausschneiden, die Viertel nochmals längs halbieren, dann quer in ganz feine Streifen schneiden oder hobeln. Möhre schälen und grob zum Kohl hobeln. Staudensellerie waschen, Grün abschneiden und beiseitelegen, die Stange in ganz feine Scheiben schneiden und zum Kohl geben. Kohl mit Gemüse leicht salzen und pfeffern und kräftig mit den Händen durchkneten, bis der Kohl weich ist und Wasser austritt.

2 Mayonnaise mit Sahne und Essig verrühren und mit Salz, Pfeffer und Zitronensaft würzen. Das Dressing unter den Salat mischen und den Salat, mit Frischhaltefolie abgedeckt, im Kühlschrank 2–3 Stunden ziehen lassen.

3 Die Frühlingszwiebeln waschen und putzen, den weißen Teil längs achteln und in feine Stückchen schneiden, den grünen in feine Ringe schneiden. Selleriegrün fein hacken. Alles unter den Salat mischen und den Salat nochmals mit Salz, Pfeffer und evtl. Zitronensaft abschmecken. Kurz ziehen lassen und servieren.

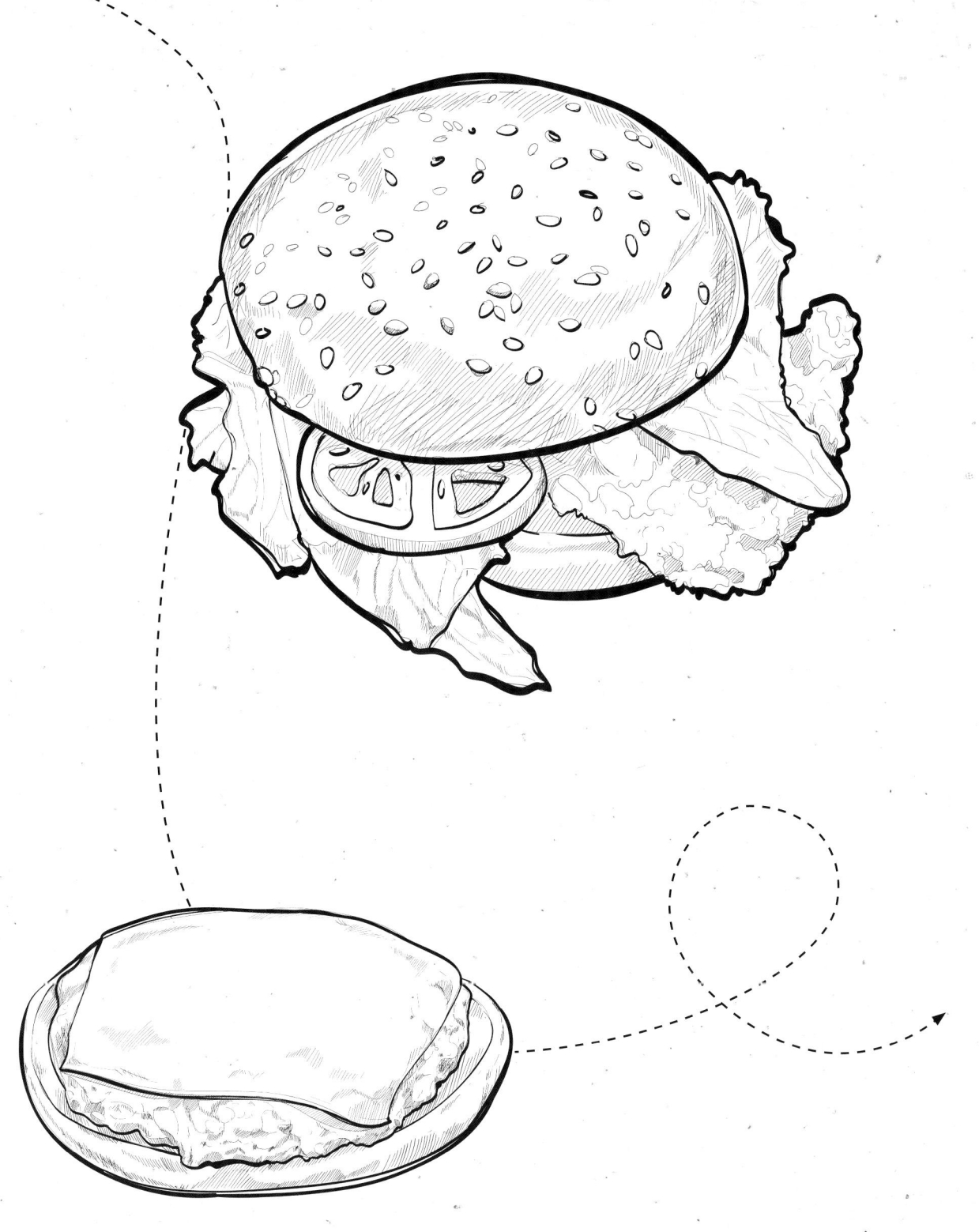

30

BLT-
DELUXE

DAS BRAUCHST DU

FÜR DIE PATTYS

480 g Rinderhackfleisch
(s. S. 8)

Salz, Pfeffer

FÜR DIE PARMESANTOMATEN

1 große, feste Fleischtomate

2 EL Olivenöl

¼ TL Oregano

6 EL fein geriebener Parmesan

AUSSERDEM

4–5 Blätter Eisbergsalat

1 rote Zwiebel

4 Burger Buns
(s. S. 12)

12 Scheiben Bacon
(Frühstücksspeck)

1–2 EL Olivenöl

4 EL Ketchup
(s. S. 18)

6 EL Knoblauch-Mayonnaise
(s. S. 21)

SO GEHT'S

1 Die Pattys, wie auf S. 10/11 beschrieben, vorbereiten und kühl stellen. Eisbergsalat waschen, trocken schleudern, Blätter übereinanderlegen und in ganz feine Streifen schneiden. Die Zwiebel schälen und in feine Ringe schneiden.

2 Backofen auf 100 °C vorheizen. Tomate waschen und quer in ca. 5 mm dicke Scheiben schneiden. Olivenöl in einer beschichteten, ofenfesten Pfanne erhitzen, Tomaten hineinlegen, salzen, pfeffern und mit Oregano und 1 ½ EL Parmesan bestreuen. Bei mittlerer Hitze 2–3 Minuten braten, wenden und wiederum mit 1 ½ EL Parmesan bestreuen und weitere 1–3 Minuten braten – sie sollten weich, aber nicht matschig und der Käse knusprig gebräunt sein. In den Ofen stellen und warm halten.

3 Die Buns halbieren und rösten (s. S. 6), ggf. warm halten. Die vorbereiteten Pattys salzen, pfeffern und in der Pfanne braten oder auf dem Grill grillen (s. S. 11). Gleichzeitig in einer beschichteten Pfanne den Bacon in 1–2 EL Olivenöl knusprig braun braten, auf Küchenpapier abtropfen lassen.

4 Die Bun-Böden mit Ketchup bestreichen, je 1 Patty auflegen, darauf die Baconstreifen legen, darüber die Parmesantomaten legen. Tomaten mit restlichem Käse bestreuen, darüber Zwiebelringe und zuletzt den Salat auflegen. Die Bun-Deckel mit Knoblauch-Mayonnaise bestreichen, auflegen und sofort servieren – evtl. mit einem Holzstäbchen fixieren.

TIPP

*B (Bacon), L (Lettuce), T (Tomato):
Die klassische US-Sandwich-Kombi
aus kross geröstetem Speck,
Eisbergsalat und Tomate wird
hier neu aufgelegt: Statt normalen
Tomatenscheiben geben hier
die Parmesantomaten und
Knoblauch-Mayonnaise den ganz
besonderen Twist.*

31

SWISS CHEESE-
BURGER

DAS BRAUCHST DU

FÜR DIE PATTYS

480 g Rinderhackfleisch
(s. S. 8)

Salz, Pfeffer

FÜR DIE RACLETTE-REMOULADE

½ Portion Mayonnaise
(s. S. 20 oder Mayonnaise
aus dem Glas)

1 kleines Glas Mixed Pickles
(ca. 330 g Füllgewicht)

1 EL Kapern

80 g Sahnejoghurt

1 EL Crème fraîche

½ Bund Petersilie

Salz, Pfeffer

Zucker

AUSSERDEM

1 gute Handvoll Feldsalat

1–2 Tomaten

12 Scheiben Frühstücksspeck
(Bacon)

1 2 EL neutrales Bratöl

4 Kartoffel-Buns
(s. S. 15)

4 dünne Scheiben
Raclette- oder Bergkäse

SO GEHT'S

1 Die Pattys, wie auf S. 10/11 beschrieben, vorbereiten und kühl stellen. Inzwischen für die Remoulade eine Mayonnaise, wie auf S. 20 beschrieben, herstellen (oder fertige aus dem Glas nehmen). 70 g Pickles und Kapern abtropfen lassen, in kleine Stückchen schneiden oder hacken und mit Joghurt und Crème fraîche unter die Mayonnaise heben. Petersilie waschen, trocken schütteln, Blättchen abzupfen, fein hacken, 2 EL beiseite legen, den Rest unter die Remoulade heben und diese mit Salz, Pfeffer, 1–2 Prisen Zucker und evtl. etwas Pickle-Einlegesud abschmecken.

2 Feldsalat waschen, gut trocken tupfen und etwas zerzupfen. Tomaten waschen und quer in dünne Scheiben schneiden. Den Speck in einer Pfanne mit 1–2 EL Öl knusprig braun braten, herausnehmen und auf Küchenpapier abtropfen lassen.

3 Die Buns halbieren und rösten (s. S. 6), ggf. warm halten. Die Bun-Böden mit Remoulade bestreichen und mit der Hälfte Feldsalat belegen. Pattys salzen, pfeffern und in einer Pfanne braten, dabei nach dem Wenden jeweils eine Scheibe Käse auflegen und schmelzen lassen (s. S. 11). Pattys auf den Salat legen, darauf die Tomaten, darüber den Speck und den übrigen Feldsalat. Bun-Deckel auflegen und sofort servieren.

32

ELCHTEST-
BURGER

DAS BRAUCHST DU

FÜR DIE KÖTTBULLAR-PATTYS

1 Pellkartoffel
(vom Vortag, 120 g)

1 große Zwiebel

Bratöl

1–2 EL Semmelbrösel

380 g gemischtes Hackfleisch
(halb und halb) (s. S. 8)

3 EL Sahne

1 Ei
(Größe S)

Salz, Pfeffer

frisch geriebene Muskatnuss

FÜR DAS PREISELBEERKOMPOTT

1 kleiner Apfel

20 g frischer Ingwer

200 g Preiselbeeren
(frisch oder tiefgekühlt)

75 g Zucker

120 ml Apfelsaft

1 Sternanis

3–4 EL Zitronensaft

AUSSERDEM

4 große Blätter Lollo bianco

1 große gegarte Rote Bete
(vakuumverpackt)

4 Burger Buns
(s. S. 12)

6 EL Mayonnaise
(s. S. 20)

4 Scheiben gekochten
(Honig-)Schinken

SO GEHT'S

1 Für das Preiselbeerkompott Apfel vierteln, das Kerngehäuse heraus-schneiden und die Viertel grob raspeln. Ingwer schälen und in Scheiben schneiden. Preiselbeeren waschen. Zucker in einem Topf goldbraun kara-mellisieren lassen, vorsichtig mit Apfelsaft ablöschen – es kann spritzen! Sternanis in den Topf geben und bei großer Hitze so lange unter Rühren kochen, bis sich der Karamell aufgelöst hat. Preiselbeeren, Apfel und Ing-wer zugeben und bei kleiner Hitze 20–30 Minuten offen köcheln lassen. Mit Zitronensaft abschmecken, Sternanis und Ingwer herausfischen, dann nach Wunsch noch pürieren und abkühlen lassen.

2 Inzwischen für die Pattys die Pellkartoffel pellen und durchpressen oder mit einer Gabel fein zermusen. Zwiebel schälen, fein würfeln und anschließend in einer kleinen Pfanne in 1 EL Öl goldgelb braten, gegen Ende die Semmelbrösel zugeben und kurz mitrösten. Die Zwiebelmasse mit der Kartoffel, Hackfleisch, Sahne und Ei vermengen, mit Salz, Pfeffer und Muskatnuss würzen. Aus der Masse 4 Pattys formen und kühl stellen (s. S. 10/11).

3 Salatblätter waschen und trocken tupfen, Rote Bete in dünne Scheiben schneiden oder hobeln.

4 Die Buns halbieren und rösten (s. S. 6), ggf. warm halten. Die Bun-Böden mit Mayonnaise bestreichen. Die Pattys in einer Pfanne in Öl braten, (s. S. 11). Je 1 Patty auflegen und mit 1–2 EL Preiselbeerkompott beträufeln. Darauf je 1 Salatblatt legen, Rote-Bete-Scheiben darauflegen, darüber je 1 Scheibe Schinken. Mit restlichem Preiselbeerkompott beträufeln und die Bun-Deckel auflegen.

TIPP

Wer im Supermarkt fündig wird, packt noch Rote-Bete-Sprossen auf den Burger – die passen nicht nur optisch ideal, sondern sind auch eine leckere Zugabe.

33

THE ITALIAN
STALLION

DAS BRAUCHST DU

FÜR DIE PATTYS

480 g gemischtes Hackfleisch
(halb und halb) (s. S. 8)

FÜR DAS PESTO

100 g Basilikum

2 EL Pinienkerne

1 kleine Knoblauchzehe

90 ml Olivenöl

50 g frisch geriebener Parmesan

Salz, Pfeffer

2–3 Spritzer Zitronensaft

AUSSERDEM

6 EL Knoblauch-Mayonnaise
(s. S. 21)

2 EL Sahne

50 g frisch geriebener Parmesan

1 Bund Rucola

1–2 Fleischtomaten

1 (Büffel-)Mozzarella
(à 150 g)

4 Durger Buns
(s. S. 12)

SO GEHT'S

1 Die Pattys, wie auf S. 10/11 beschrieben, vorbereiten und kühl stellen. Inzwischen für das Pesto Basilikum waschen, trocken schütteln, 2 Stiele beiseitelegen, vom Rest die Blätter abzupfen und gut trocken tupfen. Pinienkerne in einer Pfanne ohne Fett goldbraun rösten, abkühlen lassen. Knoblauch schälen, grob hacken und mit Basilikum, Pinienkernen und Öl fein pürieren. Parmesan unterrühren und mit Salz, Pfeffer und Zitronensaft würzen.

2 Mayonnaise mit Sahne und Parmesan verrühren, evtl. mit etwas Pfeffer nachwürzen und kurz ziehen lassen. Währenddessen Rucola waschen, trocken schütteln, grobe Stiele wegschneiden, die Blättchen evtl. kleiner zupfen. Tomaten waschen und quer in dünne Scheiben schneiden, Mozzarella trocken tupfen und in dicke Scheiben schneiden. Vom beiseitegelegten Basilikum die Blätter abzupfen.

3 Die Pattys salzen, pfeffern und braten oder grillen (s. S. 11), währenddessen Buns halbieren und rösten (s. S. 6). Die Bun-Böden mit je 1 EL Parmesan-Knoblauch-Mayonnaise bestreichen, restliche Mayo auf die Bun-Deckel streichen.

4 Die Hälfte Rucola auf den Bun-Böden verteilen. Gebratene Pattys auflegen, Mozzarella auflegen, darauf 1 EL Pesto verteilen, darauf restlichen Rucola und einige Basilikumblättchen verteilen, Tomaten darauflegen und mit restlichem Pesto beträufeln. Mit übrigen Basilikumblättchen bestreuen, Bun-Deckel auflegen und servieren.

34 *SPANISH NIGHT* **BURGER**

DAS BRAUCHST DU

FÜR DIE PATTYS

480 g gemischtes Hackfleisch
(halb und halb) (s. S. 8)

Salz, Pfeffer

¾ TL Piménton de la vera
(nach Belieben)

FÜR DAS AIOLI

3 Knoblauchzehen

100 ml Milch

2 EL Dijon-Senf

2 TL Zitronensaft

150–200 ml Olivenöl

Salz, Pfeffer

1–2 Prisen Zucker

AUSSERDEM

je 2 gelbe und rote Spitzpaprika

1 Knoblauchzehe

Öl zum Braten

200 g Chorizo
(am Stück)

4 große Blätter Kopfsalat

4 dünne Scheiben
Manchego-Käse

4 schwarze Burger Buns
(s. S. 13)

SO GEHT'S

1 Für die Pattys das Hackfleisch nach Wunsch mit Piménton de la vera würzen, 4 Pattys daraus formen und kühlen (s. S. 10/11).

2 Inzwischen die Spitzpaprika längs vierteln, putzen und waschen, Knoblauch schälen und in Scheiben schneiden. Reichlich Öl in einer beschichteten Pfanne erhitzen, darin die Paprika bei großer Hitze anbraten – sie dürfen ruhig schwarze Flecken bekommen! Knoblauch zugeben, salzen, pfeffern und die Hitze reduzieren. 75 ml Wasser zugeben und bei mittlerer Hitze zugedeckt 12–15 Minuten dünsten, gegen Garzeitende offen garen und öfter durchrühren, damit möglichst alle Flüssigkeit verdunstet. Anschließend vom Herd nehmen.

3 Für das Aioli alle Zutaten aus dem Kühlschrank nehmen – sie sollten Zimmertemperatur haben. Knoblauch schälen und grob hacken. Mit Milch, Senf und Zitronensaft und 1 roten, gebratenen Paprikastück mit dem Pürierstab fein pürieren, dann Olivenöl erst tröpfchenweise zugeben und mitpürieren. Sobald die Masse cremiger wird, das Öl in dünnem Strahl zugeben, bis eine schöne Creme entstanden ist. Aioli mit Salz, Pfeffer und Zucker würzen.

4 Die Chorizo längs in 8 dünne Scheiben schneiden. In einer beschichteten Pfanne in wenig Olivenöl knusprig braten, herausnehmen und auf Küchenpapier abtropfen lassen. Salat waschen und trocken tupfen

5 Die Pattys salzen, pfeffern und braten oder grillen (s. S. 11), währenddessen Buns halbieren und rösten (s. S. 6). Die Bun-Böden mit der Hälfte Aioli bestreichen. Die Pattys auflegen, darauf je 1 Scheibe Manchego legen, darauf die gebratenen Paprika verteilen, übrige Aioli daraufgeben und die Chorizoscheiben darüberlegen, mit je 1 Salatblatt obenauf abschließen, den Bun-Deckel auflegen und die Burger sofort servieren.

35

ZORBAS,
THE GREEK

DAS BRAUCHST DU

FÜR DIE PATTYS

480 g gemischtes Hackfleisch
(halb und halb) (s. S. 8)

Salz, Pfeffer

½ TL getrockneter Oregano

FÜR DIE TOMATENCREME

15 g Kirschtomaten

1 ½ Knoblauchzehen

2 EL Olivenöl

Salz, Pfeffer

Zucker

50 g getrocknete Tomaten

6 grüne Oliven
(ohne Stein)

½ TL getrockneter Oregano

FÜR DIE JOGHURTSAUCE

50 g Schafskäse (Feta)

250 g griechischer Joghurt

½ Knoblauchzehe

2 Zweige Minze

Salz, Pfeffer

AUSSERDEM

1 Mini-Gurke

4 Burger Buns
(s. S. 12)

4–8 Scheiben
gebratene Aubergine
(s. S. 29)

SO GEHT'S

1 Für die Pattys das Hackfleisch mit Oregano würzen, 4 Pattys daraus formen und kühlen (s. S. 10/11).

2 Inzwischen den Backofen auf 200 °C (Ober-/Unterhitze) vorheizen. Tomaten waschen, halbieren und mit der Schnittfläche nach oben in eine flache ofenfeste Form legen. Knoblauch schälen, in Scheiben schneiden und zwischen den Tomaten verteilen. Alles mit 1 EL Olivenöl beträufeln, mit Salz, Pfeffer und ¼ TL Zucker würzen. Im heißen Ofen (Mitte, Umluft 180 °C) 20–25 Minuten garen, bis sie leicht bräunen.

3 Tomaten herausnehmen und leicht abkühlen lassen. Getrocknete Tomaten und Oliven grob zerschneiden. Beides mit den abgekühlten Tomaten (samt Knoblauch und Garsud), übrigem Öl und Oregano mit dem Pürierstab grob pürieren. Mit Salz und Pfeffer würzen.

4 Schafskäse mit einer Gabel fein zerbröseln und mit Joghurt glatt verrühren. Knoblauch schälen und dazupressen. Die Minze waschen, trocken schütteln, Blättchen abzupfen und fein hacken. Unterrühren und mit Salz und Pfeffer würzen, evtl. zusätzlich 1 EL Wasser unterrühren, damit ein dickliche Sauce entsteht. Gurke waschen, putzen und längs in schmale Streifen hobeln.

5 Die Pattys salzen, pfeffern und braten oder grillen (s. S. 11). Gleichzeitig die Buns halbieren und rösten (s. S. 6). Die Bun-Böden mit der Tomatencreme bestreichen, darauf je 1–2 Auberginenscheiben legen. Pattys darauflegen und mit Gurken belegen, die Joghurtsauce darüberträufeln, Bun-Deckel auflegen und servieren

36 FRENCH BISTRO-
BURGER

DAS BRAUCHST DU

FÜR DIE PATTYS

480 g gemischtes Hackfleisch
(halb und halb) (s. S. 8)

Salz, Pfeffer

FÜR DAS ZWIEBELCONFIT

3 Zwiebeln
(ca. 300 g)

1 ½ EL Zucker

120 ml Rotwein

2 EL Aceto balsamico

1 Zweig Thymian

2 EL Cassis
(Johannisbeerlikör,
nach Belieben)

AUSSERDEM

4 große Feigen

180 g Roquefort
oder Gorgonzola

2 Handvoll Feldsalat

4 Burger Buns
(s. S. 12)

6 EL Mayonnaise
(s. S. 20)

SO GEHT'S

1 Die Pattys, wie auf S. 10/11 beschrieben, vorbereiten und kühl stellen. Inzwischen für das Zwiebelconfit Zwiebeln schälen, längs halbieren und in schmale Streifen schneiden. Zucker in einem Topf schmelzen und goldgelb karamellisieren lassen. Zwiebeln zugeben, unter Rühren kurz anschwitzen, dann mit Wein und Essig ablöschen. Thymian waschen, zugeben und alles zugedeckt 45–50 Minuten bei kleiner bis mittlerer Hitze garen, bis die Flüssigkeit so gut wie verdunstet ist und die Zwiebeln weich sind. Dabei gelegentlich umrühren und kurz vor Garzeitende nach Belieben den Cassis unterrühren. Zwiebelconfit abkühlen lassen.

2 Die Feigen waschen und vorsichtig quer in dünne Scheiben schneiden. Roquefort in dünne Scheiben schneiden (falls er noch fest ist) oder in Stücke brechen (falls er reifer ist). Feldsalat waschen, putzen und trocken schleudern, evtl. kleiner zupfen.

3 Die Pattys salzen, pfeffern und braten oder grillen (s. S. 11), dabei gegen Ende den Roquefortkäse darauflegen und leicht schmelzen lassen (s. S. 11) Gleichzeitig die Buns halbieren und rösten (s. S. 6). Die Bun-Böden mit je ½ EL Mayonnaise dünn bestreichen, darauf etwa dreiviertel Feldsalat verteilen. Darauf das Zwiebelconfit häufen und die Pattys samt Roquefort daraufsetzen. Mit Feigen belegen, restlichen Feldsalat auflegen. Die restliche Mayonnaise auf die Bun-Deckel streichen, auflegen, leicht festdrücken und die Burger sofort servieren.

37

LE-TATAR-
BURGER

DAS BRAUCHST DU

FÜR DIE PATTYS

480 g Rinderhackfleisch
(s. S. 8)

1 EL Kapern

1 TL körniger Senf

Salz, Pfeffer

AUSSERDEM

8 Cornichons

1 weiße Zwiebel

8 Blätter Kopfsalat

3 EL Butter

4 Eier
(Größe S)

Salz, Pfeffer

4 Burger Buns
(s. S. 12)

8 EL Estragon-Mayonnaise
(s. S. 21)

SO GEHT'S

1 Für die Pattys Rindfleisch, wie auf S. 10 beschrieben, mit Kapern und Senf durchdrehen, oder Kapern abtropfen lassen, ganz fein hacken und mit Senf, Salz und Pfeffer unter das Hackfleisch mengen. Daraus, wie auf S. 11 beschrieben, 4 Pattys formen und kühl stellen.

2 Cornichons abtropfen lassen und von einem Ende her längs fächerartig in schmale Streifen schneiden, sodass sie am anderen Ende noch zusammenhängen. Die Zwiebel schälen und in feine Ringe schneiden. Kopfsalat waschen, gut trocken schütteln.

3 Die Butter in einer großen beschichteten Pfanne zerlassen, die Eier hineingeben und daraus 4 möglichst runde Spiegeleier braten (siehe Tipp), diese salzen und pfeffern und warm halten.

4 Die Pattys braten oder grillen (s. S. 11). Gleichzeitig die Buns halbieren und rösten (s. S. 6). Die Bun-Böden und -Deckel mit je 1 EL Estragon-Mayonnaise bestreichen. Auf den Boden je 1 Salatblatt legen, darauf je 1 fertiges Patty. Auf das Patty je 2 aufgefächerte Cornichons legen und je 1 Spiegelei darauflegen. Zwiebelringe auf dem Ei verteilen und alles mit je 1 Salatblatt abdecken. Bun-Deckel auflegen und die Burger servieren.

TIPP

Wer auch ansonsten perfekt runde Spiegeleier möchte: Es gibt im Fachhandel extra Spiegelei-förmchen, die das Ei in der heißen Pfanne in Form halten.

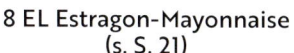

38

BOSPORUS-
BURGER

DAS BRAUCHST DU

FÜR DIE BOSPORUS-PATTYS

240 g Rinderhackfleisch
(s. S. 8)

240 g Lammhackfleisch

2 TL Gyros-Gewürzmischung

½ TL getrockneter Oregano

Salz, Pfeffer

FÜR DIE AUBERGINEN

2 Auberginen
(à ca. 300 g)

2 TL Olivenöl

1 Knoblauchzehe

Salz, Pfeffer

2 Stängel Minze

3 Stängel Petersilie

1 TL Zitronensaft

½ TL Pul Biber
(nach Belieben)

AUSSERDEM

150 g Schafskäse (Feta)

1–2 Tomaten

1 kleine Zwiebel

8 Blätter Kopfsalat

4 Burger Buns
(s. S. 12)

1 Glas Ajvar
(ca. 300 g, türkisches
Paprika-Gemüse-Mus)

SO GEHT'S

1 Für die Pattys das Rinder- und Lammhackfleisch mit Gewürzmischung, Oregano, Salz und Pfeffer vermengen. Daraus Pattys, wie auf S. 10/11 beschrieben, vorbereiten und kühl stellen.

2 Für die Auberginen den Backofen auf 220 °C (Ober -/Unterhitze) vorheizen. Auberginen waschen, Stielansätze abschneiden, die Auberginen längs halbieren und die Schnittflächen mit je ½ EL Olivenöl bepinseln. Knoblauch schälen und durchpressen, auf den Schnittflächen verteilen, leicht salzen und pfeffern. Die Auberginen dann auf einen mit Alufolie ausgelegten Backrost mit der Schnittseite nach unten legen und im heißen Ofen (oben) 30–35 Minuten garen, bis das Fruchtfleisch richtig weich ist.

3 Auberginen herausnehmen, leicht abkühlen lassen. Inzwischen die Kräuter waschen trocken schütteln, Blättchen abzupfen und fein hacken. Schafskäse in 4 gleich große Scheiben schneiden, Tomaten waschen und quer in Scheiben schneiden. Zwiebel schälen und in dünne Ringe schneiden. Salat waschen und trocken tupfen.

4 Das leicht ausgekühlte Auberginenfleisch mit einem Löffel aus der Schale kratzen, und grob hacken, anschließend mit den Kräutern und Zitronensaft mischen, mit Salz, Pfeffer und Pul Biber würzen.

5 Die Pattys braten oder grillen (s. S. 11). Gleichzeitig die Buns halbieren und rösten (s. S. 6). Die Bun-Böden und -Deckel mit je 1–2 EL Ajvar bestreichen. Je 1 Salatblatt auflegen, darauf das Auberginenhack verteilen und gut rund formen. Je 1 Patty auflegen, 1 EL Ajvar darauf verteilen, dann den Schafskäse darauflegen, darauf Tomaten und Zwiebelringe Mit einem Salatblatt obenauf abschließen. Bun-Deckel auflegen und sofort servieren.

39

ORIENTAL
BURGER

DAS BRAUCHST DU

FÜR DIE ORIENTAL PATTYS

240 g Rinderhackfleisch
(s. S. 8)

240 g Lammhackfleisch

1 große Zwiebel

1 Knoblauchzehe

1 EL Olivenöl

1 EL fein gehackte Minze

1 ½ EL Ras el Hanout
(orientalische Gewürzmischung)

Salz, Pfeffer

AUSSERDEM

1 kleiner Granatapfel

1 kleines Bund Rucola

2 Zweige Minze

4 Safran-Buns
(s. S. 13)

Öl zum Braten

2 Portionen Safran-
Mayonnaise
(s. S. 21)

Gebratene Zucchini
(s. S. 29)

SO GEHT'S

1 Für die Pattys die beiden Fleischsorten mischen. Zwiebel und Knoblauch schälen und fein würfeln. In 1 EL Olivenöl in einer beschichteten Pfanne goldgelb anschwitzen. Die Zwiebelmischung mit Minze unter das Hackfleisch mengen oder mit dem Fleisch durch den Fleischwolf drehen. Anschließend mit Ras el Hanout und Salz und Pfeffer würzen, gut durchkneten und zu 4 Pattys formen und abgedeckt kühl stellen (s. S. 10/11).

2 Aus dem Granatapfel unten rings um den Stielansatz keilförmig ein Stück ausschneiden, links und rechts davon leicht einschneiden und an diesen Stellen in zwei Hälften brechen. Dann die Fruchtkerne vorsichtig aus den Häuten lösen. Rucola waschen, trocken schütteln, grobe Stiele entfernen, Blätter evtl. kleiner zupfen. Minze waschen, trocken schütteln, Blättchen abzupfen und grob zerzupfen.

3 Die Buns halbieren und rösten (s. S. 6). Die Bun-Böden und -Deckel mit Safran-Mayonnaise bestreichen. Die Hälfte Rucola und einige Granatapfelkerne auf die Böden streuen. Die Pattys salzen, pfeffern, dann braten oder grillen (s. S. 11) und auflegen, etwas Minze aufstreuen. Zucchinischeiben daraufgeben (evtl. jeweils einmal zusammenlegen), mit übrigem Rucola, Minze und einigen Granatapfelkernen bestreuen. Burger-Deckel auflegen und sofort servieren.

40

CASABLANCA-BURGER

DAS BRAUCHST DU

FÜR DIE PATTYS

480 g Rinderhackfleisch
(s. S. 8)

Salz, Pfeffer

APRIKOSEN-ZWIEBEL-RELISH

5 Frühlingszwiebeln

5 getrocknete Soft-Aprikosen

15 g frischer Ingwer

2 EL Olivenöl

1 EL Honig

2 EL Weißweinessig

2–3 Msp. Chiliflocken

Salz, Pfeffer

AUSSERDEM

1 Bund Brunnenkresse
(ersatzweise Rucola)

2 Tomaten

4 Oriental Buns
(s. S. 16)

8 EL Red-Hot-Mayonnaise
(s. S. 21)

8 gebratene
Zucchinischeiben
(s. S. 29)

4 gebratene
Auberginenscheiben
(s. S. 29)

SO GEHT'S

1 Für das Relish Frühlingszwiebeln waschen, putzen, den grünen Teil in dickere Ringe schneiden, den weißen längs vierteln und in feine Stückchen schneiden. Aprikosen klein würfeln, Ingwer schälen und fein hacken. Öl in einem kleinen Topf erhitzen, darin die weißen Zwiebelteile anschwitzen. Ingwer und Aprikosen zugeben und kurz mitbraten. Honig zugeben und unter Rühren leicht karamellisieren lassen, dann Essig unterrühren, mit Chili, Salz und Pfeffer würzen. Weitere 6–8 Minuten zugedeckt bei kleiner Hitze garen. Zwiebelgrün unterrühren und vom Herd nehmen. Abkühlen lassen.

2 Inzwischen die Pattys, wie auf S. 10/11 beschrieben, vorbereiten und kühl stellen. Brunnenkresse waschen und verlesen, die Blättchen in kleinen Ästchen abzupfen. Tomaten waschen und quer in Scheiben schneiden, dabei den Stielansatz entfernen.

3 Die Buns halbieren und rösten (s. S. 6). Gleichzeitig die Pattys salzen, pfeffern und braten oder grillen (s. S. 11). Die Bun-Böden und -Deckel mit Red-Hot-Mayonnaise bestreichen. Auf den Boden einige Kresseblätter verteilen, je zwei Zucchinischeiben darauf falten. Patty auflegen, darauf je ein Viertel des Aprikosen-Zwiebel-Relishs verteilen. Darüber zuerst Tomatenscheiben, dann die Auberginenscheiben geben. Kresseblätter darauf verteilen, den Bun-Deckel auflegen und sofort servieren.

41

THE
MEXICAN

DAS BRAUCHST DU

FÜR DIE PATTYS

480 g Rinderhackfleisch
(s. S. 8)

Salz, Pfeffer

FÜR DAS BOHNENMUS

1 Zwiebel

1 Knoblauchzehe

1 Dose Kidney-Bohnen
(400 g Füllgewicht)

2 EL Olivenöl

1 ½ EL Tomatenmark

1 ½ TL Chili-Gewürzmischung
(für Chili con carne)

Salz, Pfeffer

AUSSERDEM

1 rote Zwiebel

2 Tomaten

3 EL eingelegte Jalapeño-Ringe
(aus dem Glas)

1 reife Avocado

1 TL Limettensaft

4 Burger Buns
(s. S. 12)
mit Chiliflocken bestreut

4 Scheiben Cheddar

4 EL Barbecue-Sauce
(s. S. 19 oder Fertigprodukt)

SO GEHT'S

1 Die Pattys, wie auf S. 10/11 beschrieben, vorbereiten und kühl stellen. Inzwischen für das Bohnenmus Zwiebel und Knoblauch schälen und fein hacken. Bohnen in ein Sieb abgießen, dabei Einlegeflüssigkeit auffangen. Öl in einer kleinen beschichteten Pfanne erhitzen, darin Zwiebel und Knoblauch anschwitzen. Tomatenmark unterrühren, kurz mitrösten, dann die Bohnen zugeben. Mit Chili-Gewürzmischung, Salz und Pfeffer würzen und die Hälfte Einlegewasser unterrühren.

2 Die Bohnen offen 10 Minuten bei kleiner bis mittlerer Hitze garen, dabei gelegentlich umrühren und ggf. etwas mehr Einlegewasser zugeben. Die Flüssigkeit sollte am Ende verdunstet sein. Die Bohnen anschließend mit dem Kartoffelstampfer oder einer Gabel grob zermusen, warm halten.

3 Die Zwiebel schälen und in dünne Ringe schneiden. Tomaten waschen und quer in Scheiben schneiden, dabei den Stielansatz entfernen. Jalapeños gut abtropfen lassen. Die Avocado halbieren, Kern und Schale entfernen und die Hälften in schmale Streifen schneiden. Sofort in Limettensaft wenden, damit sie nicht braun werden.

4 Die Buns halbieren und rösten (s. S. 6). Pattys salzen, pfeffern und in einer Pfanne braten, dabei nach dem Wenden jeweils eine Scheibe Käse auflegen und schmelzen lassen (s. S. 11). Währenddessen Bohnenmus auf die Bun-Böden geben und leicht festdrücken, die Bun-Deckel mit Barbecue-Sauce bestreichen. Pattys mit Käse auf das Bohnenmus legen, darauf erst Zwiebeln, dann Avocado und Tomaten legen. Zuletzt die Jalapeño-Ringe aufstreuen und den Bun-Deckel auflegen. Die Burger sofort servieren.

42

NYC-DELI-
BURGER

DAS BRAUCHST DU

FÜR DIE PATTYS

480 g Rinderhackfleisch
(s. S. 8)

Salz, Pfeffer

FÜR DAS GURKENRELISH

1 Salatgurke
(ca. 300 g)

2 Schalotten

½ kleine milde rote Chilischote

50 g Zucker

80 ml Weißweinessig

1 TL Kurkumapulver

1 TL gelbe Senfsamen

1 Stängel Estragon

5 Stängel Dill

Salz, Pfeffer

AUSSERDEM

1 Tomate

6 Blätter Lollo rosso

4 Burger Buns
(s. S. 12)

4 Scheiben Cheddar

4 EL Mayonnaise
(s. S. 20)

SO GEHT'S

1 Für das Gurkenrelish die Salatgurke schälen, längs halbieren und die Kerne herauskratzen, dann ganz klein würfeln. Schalotten schälen und fein würfeln. Chili waschen, Kerne und Trennhäute entfernen und die Schote fein hacken. Den Zucker in einem Topf schmelzen. Schalotten dazugeben, unterrühren und vorsichtig mit Essig ablöschen. Chili, Kurkumapulver und Senfsamen zugeben und alles bei mittlerer Hitze 10–12 Minuten offen sirupartig einkochen lassen.

2 Inzwischen die Kräuter waschen, trocken schütteln, Blätter abzupfen und fein hacken, Gurkenwürfel in den Topf geben und 3–4 Minuten mitgaren, salzen und pfeffern. Vom Herd nehmen, Kräuter unterrühren und abkühlen lassen.

3 Die Pattys, wie auf S. 10/11 beschrieben, vorbereiten und kühl stellen. Tomate waschen und quer in dünne Scheiben schneiden, dabei den Stielansatz entfernen. Salat waschen und trocken schleudern.

4 Die Buns halbieren und rösten (s. S. 6), ggf. warm halten. Pattys salzen, pfeffern und in einer Pfanne braten, dabei nach dem Wenden jeweils eine Scheibe Käse auflegen und schmelzen lassen (s. S. 11). Bun-Böden mit je 1 EL Mayonnaise bestreichen und ein Salatblatt auflegen. Patty samt Käse auflegen. Tomatenscheiben darauflegen und reichlich Gurkenrelish daraufgeben. Mit einem Salatblatt abschließen und die Bun-Deckel auflegen, sofort servieren.

TIPP

Wer möchte, bereitet gleich die doppelte Menge Gurkenrelish zu und füllt das nicht benötigte sofort heiß in ein sauber gespültes Twist-off-Schraubglas. Verschließen und abkühlen lassen, so hält es kühl gelagert 3–4 Wochen.

43

OLD AMSTERDAM
BURGER

DAS BRAUCHST DU

FÜR DIE FRIKANDEL-PATTYS

1 Zwiebel

200 g Hähnchenbrustfilet

300 g gemischtes Hackfleisch
(halb und halb) (s. S. 8)

1–3 EL Hühnerbrühe

1–2 EL Semmelbrösel

Salz, Pfeffer

¾ TL gemahlener Koriander

je ⅓ TL gemahlener Ingwer
und Kardamom

AUSSERDEM

2 Zwiebeln

1–2 Tomaten

8 EL Ketchup
(s. S. 18)

1 TL Currypulver

4 Burger Buns
(s. S. 12)

4 Scheiben junger Gouda

4 Scheiben gekochter Schinken

4 EL Mayonnaise
(s. S. 20)

SO GEHT'S

1 Für die Pattys Zwiebel schälen und grob würfeln. Mit dem Hähnchenfleisch durch den Fleischwolf (feinste Scheibe) drehen oder im Blitzhacker oder in der Küchenmaschine möglichst fein zerkleinern, das Hackfleisch zugeben und mitzerkleinern, die Masse sollte möglichst fein sein, evtl. dazu beim Zerkleinern Hühnerbrühe zugeben und die Masse anschließend mit Semmelbröseln binden. Mit Salz, Pfeffer und den Gewürzen würzen und gut durchkneten. Anschließend zu 4 Pattys formen und abgedeckt mindestens 1 Stunde kühl stellen (s. S. 10/11).

2 Zwiebeln schälen und in gröbere Würfel schneiden. Tomaten waschen und quer in dünne Scheiben schneiden, dabei den Stielansatz wegschneiden. Ketchup mit Currypulver verrühren.

3 Die Buns halbieren und rösten (s. S. 6). Die Bun-Deckel mit je 1 EL Ketchup bestreichen, Bun-Böden ebenfalls mit je 1 EL Ketchup bestreichen und mit den Zwiebelwürfeln bestreuen. Pattys in einer Pfanne braten, dabei nach dem Wenden jeweils eine Scheibe Gouda auflegen und schmelzen lassen (s. S. 11). Pattys samt Käse auf die Zwiebeln legen. Darauf die Tomaten legen und darüber die Schinkenscheiben. Jeweils 1 EL Mayonnaise auf dem Schinken verteilen. Bun-Deckel auflegen und sofort servieren.

44

SIEGFRIEDS **SCHATZ**

DAS BRAUCHST DU

FÜR DIE PATTYS

500 g Schweinenackensteaks
(s. Tipp)

1 Zwiebel

6 Zweige Thymian

Salz, Pfeffer

Butterschmalz

AUSSERDEM

2 Äpfel
(z. B. Boskop)

1 TL Zitronensaft

8 Blätter Kopfsalat

2–3 EL Butterschmalz

8 EL Mayonnaise
(s. S. 20)

1 ½ EL körniger Senf

4 Kartoffel-Buns
(s. S. 15)

6 EL Preiselbeerkompott
(aus dem Glas)

Röstzwiebeln
(s. S. 28)

SO GEHT'S

1 Für die Pattys das Schweinefleisch in Stücke schneiden. Zwiebel schälen und grob würfeln. Thymian waschen, trocken schütteln, Blätter abzupfen und mit Fleisch und Zwiebel durch den Fleischwolf drehen und zu 4 Pattys formen (s. S. 10), abgedeckt kühl stellen.

2 Äpfel waschen, Kerngehäuse mit einem Apfelausstecher oder einem Messer entfernen und die Äpfel quer in 5–6 mm dicke Scheiben schneiden. Sofort in Zitronensaft wenden, damit sie nicht braun werden. Salat waschen und gut trocken tupfen.

3 Das Butterschmalz in einer Pfanne erhitzen, darin die Apfelscheiben beidseitig in jeweils 2–3 Minuten braun braten – sie sollten weich und goldbraun sein, aber nicht matschig weich werden. Vom Herd nehmen, auf Küchenpapier abtropfen lassen und bereit-, evtl. warm stellen.

4 Die Buns halbieren und rösten (s. S. 6), ggf. warm halten. Die Pattys salzen, pfeffern und in einer Pfanne in Butterschmalz beidseitig jeweils in 5–6 Minuten durchbraten. Währenddessen die Bun-Böden und -Deckel mit je 1 EL mit Senf verrührter Mayonnaise bestreichen. Jeweils 1 Salatblatt auf den Boden legen. Die fertigen Pattys daraufsetzen, Preiselbeerkompott darauf verteilen und jeweils mit Apfelscheiben belegen. Röstzwiebeln auf die Äpfel verteilen und mit je 1 Salatblatt abdecken. Bun-Deckel auflegen und die Burger sofort servieren.

TIPP

Wer nicht die Möglichkeit hat, das Fleisch selber durchzudrehen, lässt es vom Metzger durchdrehen und schwitzt die in diesem Fall klein gewürfelte Zwiebel dann vor dem Untermengen kurz an. Alternativ kann man auch ungewürztes Mett nehmen, das allerdings meist mehr Fett enthält.

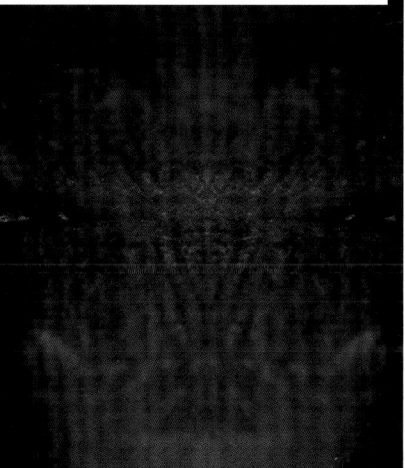

45

SOUTHERN
COMFORT

DAS BRAUCHST DU

FÜR DIE PATTYS

480 g Rinderhackfleisch
(s. S. 8)

Salz, Pfeffer

FÜR DIE SWEET-POTATO-CREAM

1 große Süßkartoffel
(380 g)

3 Zweige Thymian

25 g Butter

1 TL Honig

1–2 EL Limettensaft

Salz, Pfeffer

AUSSERDEM

je 1 gelbe und rote Tomate

6 Blätter Eisbergsalat

4 Kartoffel-Buns
(s. S. 15)

4 Scheiben Frühstücksspeck
(Bacon)

Olivenöl

8 EL Barbecue-Sauce
(s. S. 19)

Röstzwiebeln
(s. S. 28)

SO GEHT'S

1 Für die Sweet-Potato-Cream den Backofen auf 200 °C vorheizen, ein Blech mit Backpapier auslegen. Die Süßkartoffel waschen und mit einer Gabel rundum mehrmals einstechen. Dann auf das Blech legen und in 60–75 Minuten weich garen, nach etwa der Hälfte der Zeit wenden. Thymian waschen, trocken schütteln, Blättchen abzupfen und fein hacken.

2 Inzwischen die Pattys, wie auf S. 10/11 beschrieben, vorbereiten und kühl stellen. Tomaten waschen und quer in Scheiben schneiden. Eisbergsalat waschen, trocken schleudern, die Blätter übereinanderlegen und in schmale Streifen schneiden.

3 Die Süßkartoffel aus dem Ofen nehmen, ein wenig abkühlen lassen. Inzwischen Butter in einem Pfännchen zerlassen, Thymian hineingeben, kurz anschwitzen. Honig unterrühren, Pfanne vom Herd nehmen und Limettensaft unterrühren und mit Salz und Pfeffer würzen. Das noch heiße Fruchtfleisch mit einem Löffel aus der Süßkartoffel kratzen. Würzbutter darübergeben und alles mit einer Gabel fein zermusen, zugedeckt warm halten.

4 Die Buns halbieren und rösten (s. S. 6), ggf. warm halten. Gleichzeitig die Pattys salzen, pfeffern und braten oder grillen (s. S. 11). Gleichzeitig den Frühstücksspeck in einer beschichteten Pfanne in 1–2 EL Olivenöl knusprig braun braten, auf Küchenpapier abtropfen lassen. Die Bun-Deckel mit je 1 EL Barbecue-Sauce bestreichen. Die Bun-Böden dick mit Süßkartoffelcreme bestreichen und etwas Salat daraufgeben. Patty auflegen, darauf je 1 EL Barbecue-Sauce geben. Erst Speck, dann Tomaten auflegen. Röstzwiebeln darauf häufen. Bun-Deckel auflegen und die Burger servieren.

2. KAPITEL:
ES MUSS NICHT IMMER (RIND-) FLEISCH SEIN...

Burger mit alternativen Pattys:
andere Fleischsorten und auch mal Fisch

46

BIERGARTEN-
BURGER

DAS BRAUCHST DU

4 Weißwürste
Öl

FÜR DEN KRAUTSALAT

500 g Spitzkohl
50 g magerer Räucherspeck
1 Zwiebel
3 EL Sonnenblumenöl
⅓ TL Zucker
4 EL Weißweinessig
125 ml Gemüsebrühe
¼ TL Kümmel
Salz, Pfeffer

FÜR DIE SENFCREME

4 EL Mayonnaise
(s. S. 20)
3 EL saure Sahne
2 ½ EL körniger Senf
Salz, Pfeffer

AUSSERDEM

1 Bund Radieschen
1 Bund Schnittlauch
4 Laugenbrötchen

SO GEHT'S

1 Für den Krautsalat Spitzkohl waschen, längs vierteln, den Strunk heraus-schneiden und die Viertel quer in schmale Streifen schneiden oder hobeln. Den Speck fein würfeln, Zwiebel schälen und ebenfalls fein wür-feln. 2 EL Öl in einem Pfännchen erhitzen, darin die Zwiebel und den Speck anbraten, bis die Zwiebel goldgelb und der Speck leicht gebräunt ist. Zucker darüberstreuen, dann Essig und Brühe zugießen, mit Kümmel, Salz und Pfeffer würzen. Heiß über den Kohl gießen, alles gut durch-mischen, evtl. leicht mit den Händen durchkneten und abkühlen lassen. Mit Salz und Pfeffer würzen und restliches Öl untermischen.

2 Für die Senfcreme Mayonnaise mit saurer Sahne und Senf verrühren, mit Salz und Pfeffer würzen. Radieschen putzen, waschen und in dünne Scheiben schneiden. Schnittlauch waschen, trocken schütteln und in Röllchen schneiden, etwa die Hälfte unter die Senfcreme rühren.

3 Die Weißwürste der Länge nach halbieren und beidseitig in einer dünn mit Öl ausgepinselten Grillpfanne braten oder auf dem Grill grillen, ggf warm halten. Inzwischen die Laugenbrötchen halbieren und nach Wunsch wie Buns rösten (s. S. 6). Die untere und obere Hälfte mit der Senfcreme bestreichen, Krautsalat abtropfen lassen. Je 2 Wursthälften auf die Senf-creme legen und reichlich Krautsalat darauf häufen, mit Schnittlauch be-streuen, dann die Radieschen darauf verteilen und den Brötchendeckel auflegen, sofort servieren.

47

PULLED PORK

DAS BRAUCHST DU

1,2 kg Schweinenacken
oder -schulter
(ohne Knochen)

2 EL Bratöl

2 EL Dijon-Senf

1 Knoblauchzehe

2–3 EL Barbecue-Gewürz
(siehe Tipp)

2 EL brauner Zucker

¾ TL Salz (siehe Tipp)

600 ml Ananassaft

600 ml Gemüsebrühe

4–5 EL Barbecue-Sauce
(s. S. 19 oder gekauft)

Fleisch-/Bratenthermometer

TIPP

*Barbecue-Gewürzmischungen
(Rubs) gibt es in verschiedenen
Arten zu kaufen, von mild bis
scharf oder mit Rauchgeschmack –
hier entscheidet der persönliche
Geschmack. Häufig ist in diesen
Mischungen bereits Salz enthalten,
entsprechend sollte man weniger
Salz untermischen, zumal eine
konzentrierte Gemüsebrühe ebenfalls recht salzig ist.*

SO GEHT'S

1 Am Tag vorher das Fleisch gut trocken tupfen. Öl und Senf gründlich verrühren, Knoblauch schälen, dazupressen und ebenfalls gut unterrühren. Das Fleisch auf einer Seite mit der Hälfte davon bestreichen. Barbecue-Gewürz mit Zucker und evtl. Salz (siehe Tipp) mischen und das Fleisch mit der Hälfte davon bestreuen, dabei die Gewürzmischung fest andrücken. Fleischstück wenden (dabei am besten gleich auf die Frischhaltefolie legen) und die andere Seite ebenfalls erst bestrei-chen, dann bestreuen, sodass das Fleisch rundum bedeckt ist. Fest in Frischhalte-folie wickeln und 12 Stunden (über Nacht) ziehen lassen.

2 Am nächsten Morgen den Backofen auf 110 °C (Ober-/Unterhitze, Umluft nicht empfehlenswert) vorheizen. Ananassaft und Gemüsebrühe in ein tiefes Blech gießen und (unten, Umluft nicht empfehlenswert) in den Ofen schieben. Das Fleisch aus der Folie auswickeln, auf einen Bratrost legen und möglichst direkt über dem Blech mit der Brühemischung einschieben. Ein Bratenthermometer an der dicksten Stelle tief in das Fleisch einstechen und den Braten nun 3–4 Stun-den garen lassen, bis eine Kerntemperatur von 65–70 °C erreicht ist.

3 Den Braten alle 45–60 Minuten mit der Brühemischung bepinseln, damit er saf-tig bleibt, dabei Bratensatz am Rand des Bleches mit einem Pinsel (ideal: Silikon-pinsel) lösen und wieder mit der Brühemischung in der Mitte des Blechs verrühren. Fett und Bratsaft tropft aus dem Fleisch nach unten – das ergibt eine aromatische Saucengrundlage! So gart das Fleisch regelmäßig bepinselt weitere 6–9 Stunden, bis es eine Kerntemperatur von mindestens 85 °C bzw. knapp 90 °C erreicht hat. Dabei steigt das Thermometer nicht kontinuierlich an; es können sich immer lan-ge Phasen ergeben, in denen es sich nicht bewegt, also nicht ungeduldig werden!

4 Das fertige Fleisch aus dem Ofen nehmen und fest in Alufolie wickeln. 1–2 Stun-den ruhen lassen. Währenddessen den Bratensud aus dem Blech in einen kleinen Topf gießen, dabei möglichst alles mit einem Pinsel aus dem Blech lösen (ggf. 2–3 EL Wasser zugießen, um den Sud an den Blechrändern zu lösen).

5 Den Bratensud mit 4–5 EL Barbecue-Sauce verrühren und auf dem Herd erhit-zen, warm halten. Das Fleisch nach dem Ruhen aus der Folie wickeln und auf ei-nem Brett (möglichst mit einer Saftauffangrille rundum; auslaufenden Saft in die Sauce rühren) mithilfe von zwei Gabeln oder einer Gabel und einem Messer in feine Stücke bzw. Streifen zupfen oder schneiden. Die Sauce löffelweise mit dem Fleisch verrühren – das Fleisch sollte schön damit überzogen und saftig sein, aber nicht darin schwimmen. Das Fleisch ist nun perfekt für die Burger von S. 78.

48

PULLED
ASIA-CHICKEN

DAS BRAUCHST DU

2 Schalotten

2 Knoblauchzehen

15 g frischer Ingwer

2 EL Bratöl

125 ml Ananas- oder Apfelsaft

4 EL Ketchup

3 EL Sojasauce

3 EL Hoisin-Sauce

2 EL Reis- oder Weißweinessig

½–1 TL Chilisauce
(z. B. Sriracha)

3 Hähnchenkeulen
(à ca. 280 g)

Salz, Pfeffer

250 ml Hühnerbrühe

2 EL Frühlingszwiebelringe
(nach Belieben)

1 EL gehacktes Koriandergrün
(nach Belieben)

SO GEHT'S

1 Schalotten, Knoblauch und Ingwer schälen und getrennt fein würfeln. Das Öl in einem Topf erhitzen, darin Schalotten und Knoblauch bei kleiner Hitze goldgelb anschwitzen, Ingwer zugeben und kurz mitanschwitzen, dann mit Ananas- oder Apfelsaft ablöschen, Ketchup, Soja- und Hoisin-Sauce sowie Essig unterrühren und offen 5 Minuten bei kleiner bis mittlerer Hitze köcheln lassen. Je nach persönlicher Vorliebe mit Chilisauce abschmecken. Die Sauce mit einem Pürierstab fein pürieren.

2 Währenddessen den Backofen auf 180 °C vorheizen. Sehr große Fettstücke von den Hähnchenkeulen wegschneiden. 2 EL von der Würzsauce abnehmen und die Hähnchenkeulen damit rundum bestreichen, salzen und pfeffern. Die Hähnchenkeulen möglichst dicht an dicht in einen passenden kleinen (Gusseisen-)Bräter legen und im heißen Ofen (Mitte, Umluft nicht empfehlenswert) in 1 Stunde 40 Minuten offen knusprig braun garen. Dabei nach ca. 30 Minuten Garzeit die Brühe an der Seite angießen. Die Keulen evtl. nochmals mit etwas Marinade bepinseln, damit sie nicht anbrennen.

3 Die fertigen Keulen herausnehmen und lauwarm abkühlen lassen. Den Bratensatz an den Rändern des Bräters mit einem (Silikon-)Pinsel lösen und mit dem Braten-sud verrühren. Etwa 100 ml davon mit der übrigen Marinade verrühren. Vom Hähnchenfleisch die Haut abziehen, klein schneiden und beiseitelegen, dann das Fleisch von den Knochen lösen und mit einer Gabel und evtl. mit einem Messer fein zerzupfen oder zerschneiden.

4 Die Marinade erhitzen, das Fleisch zugeben und in der Marinade unter Rühren erwärmen – dabei zerfasert es immer mehr und verbindet sich mit der Marinade. Sollte die Masse zu trocken sein, evtl. noch etwas Bratensud unterrühren. Zuletzt die Hautstücke und nach Wunsch Frühlingszwiebelringe und Koriandergrün unter-rühren. Das Fleisch warm in die Burger von S. 79 oder 129 packen.

PULLED PORK
BURGER

PULLED CHICKEN-
BAO-BURGER

49

PULLED PORK
BURGER

DAS BRAUCHST DU

Pulled Pork
(s. S. 74)

4 Burger Buns
(s. S. 12)

FÜR DEN ASIA-ROTKOHL-SLAW
Coleslaw
(s. S. 34)

1 kleiner Apfel

1 TL Zitronensaft

4 Scheiben Eisbergsalat

4 EL Mayonnaise
(s. S. 20)

2 EL eingelegte
Jalapeño-Chiliringe

SO GEHT'S

1 Das Pulled Pork nach Rezept von S. 74 und die Buns von S. 12 zubereiten. Coleslaw ebenfalls zubereiten und im Kühlschrank abgedeckt durchziehen lassen.

2 Den Apfel waschen, vierteln, das Kerngehäuse entfernen und die Viertel quer in schmale Stifte schneiden. Diese sofort im Zitronensaft wenden, damit sie nicht braun werden. Eisbergsalat waschen, trocken schütteln, die Blätter übereinanderlegen und in feine Streifen schneiden.

3 Die Buns halbieren und rösten (s. S. 6) und ggf. warm halten. Die Bun-Böden mit Mayonnaise bestreichen, Salat und Apfelstifte darauf verteilen, darauf reichlich Pulled Pork häufen und leicht in Form drücken, abgetropften Coleslaw darüberhäufen und ebenfalls in Form drücken. Die abgetropften Jalapeño-Ringe daraufgeben, Bun-Deckel auflegen und den Burger sofort servieren.

TIPP
Pulled Pork lässt sich in verschiedensten Varianten auf Burger packen; anstelle von klassischem Coleslaw bekommt er mit der Asia-Variante (s. S. 79) einen ganz anderen Twist. Dann noch Avocadowürfel anstelle des Apfels daraufpacken und Fleisch und Salat mit reichlich Koriandergrün bestreuen und nach Wunsch statt Jalapeños etwas Chilisauce (z. B. Sriracha) darüberträufeln.

50

PULLED CHICKEN
BAO-BURGER

DAS BRAUCHST DU

Pulled Asia-Chicken
(s. S. 75)

4 Bao Buns
(s. S. 17)

FÜR DEN ASIA-ROTKOHL-SLAW

120 g Rotkohl

Salz

1 Möhre

15 g frischer Ingwer

1 ½ TL brauner Zucker

Saft von 1 Limette

2–3 EL Fischsauce

2 Msp. Chiliflocken

AUSSERDEM

1 kleine reife Mango

1 Mini-Gurke

2 Frühlingszwiebeln

¼ Bund Koriandergrün

SO GEHT'S

1 Das Pulled Chicken nach Rezept von S. 75 zubereiten, dann die Bao Buns von S. 17 vorbereiten. Währenddessen den Rotkohl waschen, Strunk keilförmig wegschneiden und den Kohl in feine Streifen schneiden oder hobeln, 1 Prise Salz zugeben und leicht mit den Händen durchkneten – dazu Gummihandschuhe tragen, der Kohl färbt. Möhre schälen und auf der Rohkostreibe grob raspeln, zum Kohl geben. Ingwer schälen und ganz fein würfeln, mit Zucker, Limettensaft, Fischsauce und Chiliflocken verrühren, bis sich der Zucker aufgelöst hat. Das Dressing mit dem Salat mischen und 30 Minuten ziehen lassen.

2 Mango schälen und das Fruchtfleisch längs vom Stein herunterschneiden, dann in dünne Spalten schneiden. Die Gurke waschen und in dünne Scheiben schneiden. Frühlingzwiebeln waschen trocken schütteln, den grünen und weißen Teil getrennt in dünne Ringe schneiden. Koriandergrün waschen, trocken schütteln und die Blättchen abzupfen und grob hacken oder zerzupfen.

3 Die Bao Buns öffnen. Die weißen Zwiebelringe und etwas von den Korianderblättern unter das warme Pulled Chicken mischen. Gurkenscheiben in die Brötchen legen, darauf Pulled Chicken geben und darüber Krautsalat schichten. Mit Mango belegen und mit Koriandergrün und Zwiebelringen bestreuen und das Bun leicht zusammenklappen. Sofort servieren.

51

HONGKONG-
FU-BURGER

DAS BRAUCHST DU

1 Entenbrustfilet
(ca. 400 g)
Salz, Pfeffer

FÜR DIE GRILLZWIEBELN

6 Frühlingszwiebeln
1 Knoblauchzehe
3 EL Olivenöl

FÜR DAS PFLAUMENCHUTNEY

200 g blaue Pflaumen
1 Schalotte
20 g frischer Ingwer
50 g Zucker
3 EL Aceto balsamico
2 Sternanis
Salz, Pfeffer

AUSSERDEM

1 Möhre
50 g Alfalfa-Sprossen
4 Bao Buns
(s. S. 17)
6 EL Orangen-Mayonnaise
(s. S. 21)

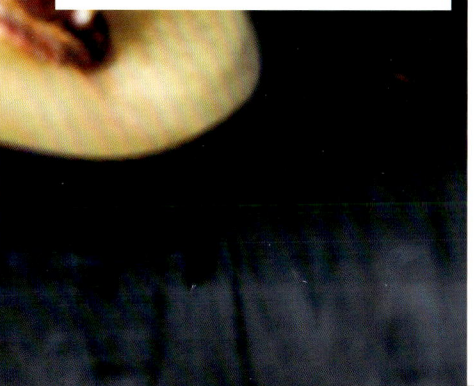

SO GEHT'S

1 Für die Grillzwiebeln Frühlingszwiebeln waschen, das obere Drittel abschneiden, putzen und nochmals quer halbieren. Knoblauch schälen und in einen Gefrierbeutel pressen, mit Öl und Frühlingszwiebeln darin mischen, Beutel verschließen und 8 Stunden (über Nacht) darin marinieren.

2 Für das Chutney, die Pflaumen waschen, halbieren, Steine entfernen und die Pflaumen in kleine Stücke schneiden. Schalotte und Ingwer schälen und fein würfeln. Zucker und Essig in einem Topf unter Rühren erhitzen, bis sich der Zucker gelöst hat. Pflaumen, Schalotten und Ingwer mit Sternanis zugeben und alles bei kleiner Hitze zugedeckt 35–40 Minuten marmeladig-dicklich einkochen lassen, dabei öfter umrühren und gegen Ende evtl. den Topfdeckel abnehmen. Mit Salz und Pfeffer würzen, abkühlen lassen und Sternanis herausfischen.

3 Möhre putzen, schälen und grob raspeln, Sprossen in einem Sieb abbrausen und abtropfen lassen. Den Backofen auf 180 °C vorheizen, die Haut der Entenbrust mit einem Messer kreuzweise einritzen, salzen und pfeffern. Eine ofenfeste Pfanne erhitzen, darin die Entenbrust mit der Hautseite nach unten 5–6 Minuten anbraten, wenden und weitere 4–5 Minuten braten. Dann im heißen Ofen in 12–15 Minuten fertig garen. Herausnehmen und kurz ruhen lassen (evtl. in Folie wickeln, damit sie warm bleibt).

4 Inzwischen eine Grillpfanne erhitzen. Dann dieie Frühlingszwiebeln darin 6–8 Minuten rundum braten, bis sie dunkel gebräunt und weich sind, dabei immer wieder wenden, damit sie nicht anbrennen. Vom Herd nehmen. Währenddessen Bao Buns aufklappen, die untere Seite mit Mayonnaise bestreichen. Entenbrust in schmale Streifen schneiden. Je 3 Frühlingszwiebelstücke längs auf den Bun-Boden legen. Etwas von den Sprossen daraufgeben, dann die Entenbrust darauflegen und mit Chutney beträufeln, Möhre darüberstreuen und mit einigen übrigen Sprossen bestreuen, dann das Bun zusammenklappen.

52 *TURKEY DELIGHT* **BURGER**

DAS BRAUCHST DU

4 Truthahn- oder
Putenbrustschnitzel
(à 100 g)
Salz, Pfeffer

FÜR DEN CURRY-HÜTTENKÄSE
2 EL Orangensaft
½ TL Honig
1 TL Currypulver
200 g Hüttenkäse
1 Stängel Estragon
Salz, Pfeffer

AUSSERDEM
80 g Bio-Salatgurke
50 g Alfalfa-Sprossen
2 Handvoll Baby-Spinat
2 reife, feste Pfirsiche
4 pinke Burger Buns
(s. S. 13)
Öl zum Braten
4 EL Ketchup (s. S. 18)

SO GEHT'S

1 Für den Hüttenkäse den Orangensaft mit Honig in einem kleinen Topf erhitzen, das Currypulver unterrühren und abkühlen lassen, anschließend mit dem Hüttenkäse mischen. Estragon waschen, trocken schütteln, Blättchen fein abzupfen und unterrühren, mit Salz und Pfeffer würzen.

2 Die Truthahn- oder Putenschnitzel zwischen Frischhaltefolie mit einem Fleischklopfer flach klopfen, salzen und pfeffern. Gurke waschen und in dünne Scheiben schneiden. Sprossen in ein Sieb geben, kalt abbrausen und gut abtropfen lassen. Spinat waschen und trocken schleudern. Die Pfirsiche waschen, halbieren, Stein entfernen und die Schnittflächen dünn mit Öl bepinseln, pfeffern.

3 Die Buns halbieren und rösten (s. S. 6), ggf. warm halten. Öl in einer beschichteten Pfanne erhitzen, darin die Geflügelschnitzel bei mittlerer Hitze in 5–6 Minuten braun braten, dann evtl. warm halten. Gleichzeitig eine Grillpfanne erhitzen, leicht mit Öl bepinseln und anschließend die Pfirsichhälften mit den Schnittflächen nach unten ca. 3 Minuten grillen (alternativ auf dem Grill), herausnehmen, kurz ruhen lassen, dann evtl. etwas flach drücken. Inzwischen die Burgerböden mit Ketchup bestreichen, erst Spinat, dann Gurken auflegen. Je 1 Schnitzel darauflegen, darauf Frischkäse häufen und darauf je 1 Pfirsichhälfte legen, Sprossen darüber verteilen und den Bun-Deckel auflegen, sofort servieren.

53

TANDOORI-CHICKEN- BURGER

DAS BRAUCHST DU

FÜR DIE PATTYS

500 g Hähnchenbrustfilet

1 ½ TL Tandoori-Gewürzpulver

1 EL Limettensaft

2 EL fein gehacktes Koriandergrün

Salz, Pfeffer

Butterschmalz oder Ghee zum Braten (siehe Tipp)

AUSSERDEM

1 Fleischtomate

1 rote Zwiebel

1 große sehr reife Mango

3 Stängel Koriandergrün

4 Oriental Buns (s. S. 16)

6 EL Koriander-Chutney (s. S. 24)

SO GEHT'S

1 Das Fleisch in Stücke schneiden und durch den Fleischwolf drehen oder mit dem Blitzhacker eher grob und nicht zu fein zerkleinern. Mit Tandoori-Gewürzpulver, Limettensaft und Koriandergrün vermengen. Daraus 4 gleich große Pattys formen und zugedeckt kühl stellen (s. S.10/11).

2 Tomate waschen und quer so in vier dicke Scheiben schneiden, dass oben und unten nur eine dünne Scheibe übrig bleibt, diese wegwerfen (oder essen). Zwiebel schälen und in dünne Ringe schneiden. Mango schälen, das Fruchtfleisch schräg vom Stein schneiden und in kleine Würfel schneiden. Koriandergrün waschen, trocken schütteln, Blättchen abzupfen und grob zerzupfen.

3 Die Buns halbieren und rösten (s. S. 6). Die Pattys in einer Pfanne in Butterschmalz oder Ghee beidseitig jeweils in 5–6 Minuten durchbraten. Währenddessen die Bun-Böden mit den Mangowürfeln belegen, diese schön festdrücken und rund formen. Die Pattys darauflegen, darauf etwas Koriandergrün streuen, darauf erst die Zwiebeln und darauf die Tomaten geben. Chutney obenauf geben, Bun-Deckel daraufsetzen und sofort servieren.

TIPP

Ghee, das indische Butterschmalz, findet man im Asien- oder Bioladen; wer keines bekommt, nimmt einfach normales Butterschmalz – beides verleiht dem mageren Hähnchenfleisch ein herrliches Aroma!

54

CRISPY SATÉ-
BURGER

DAS BRAUCHST DU

FÜR DIE PATTYS

4 Hähnchenschnitzel
(Hähnchenbrustfilets à 100 g)

Salz, Pfeffer

1 Ei
(Größe M)

70 g Mehl

80 g Cornflakes

2 EL Kokosflocken

Öl zum Braten

FÜR DIE ERDNUSS-SAUCE

1 Knoblauchzehe

1 EL Öl

1 EL Erdnussmus

je 80 ml Kokosmilch und
Hühnerbrühe

1 EL Sojasauce

1 TL Sweet-and-Sour-Chilisauce
(aus dem Asialaden)

2 TL Limettensaft

AUSSERDEM

80 g Spitzkohl

4 Blätter Kopfsalat

3 Stängel Koriandergrün

4 Burger Buns
(s. S. 12)

4 EL Sweet-and-Sour-Chilisauce
(aus dem Asialaden)

8 gegrillte Paprika
(s. S. 29)

SO GEHT'S

1 Für die Erdnuss-Sauce den Knoblauch schälen. Öl in einem kleinen Topf erhitzen, darin den Knoblauch anschwitzen. Erdnussmus, Kokosmilch und Brühe zugeben, mit Sojasauce und Sweet-and-Sour-Chilisauce würzen und glatt rühren. 3–5 Minuten leicht köcheln lassen, dann mit 1–2 TL Limettensaft abschmecken und abkühlen lassen. Die Sauce dickt dann an, daher später evtl. 1–2 EL Wasser unterrühren.

2 Inzwischen den Kohl waschen, Strunk herausschneiden und den Kohl in ganz feine Streifen schneiden oder hobeln. Salat waschen und gründlich trocken tupfen. Koriandergrün waschen, trocken schütteln, Blättchen abzupfen und zerzupfen.

3 Das Hähnchenfleisch portionsweise in einen Gefrierbeutel geben und flach klopfen. Herausnehmen und leicht salzen und pfeffern. Ei in einen tiefen Teller geben, verquirlen und leicht salzen und pfeffern, das Mehl in einen zweiten tiefen Teller geben. Cornflakes im Blitzhacker zermahlen oder in einen Gefrierbeutel geben und mit der Teigrolle zerkrümeln und, mit Kokosraspel gemischt, ebenfalls in einen tiefen Teller geben.

4 Reichlich Öl (1–2 cm hoch) in einer beschichteten großen Pfanne erhitzen. Hähnchenschnitzel einzeln nacheinander erst in Mehl wenden, dabei überschüssiges Mehl abklopfen, dann durchs Ei ziehen und zuletzt in der Cornflakes-Kokos-Panade wenden, dabei diese gut festdrücken. Die Schnitzel im heißen Öl in jeweils 3–4 Minuten knusprig braun braten und anschließend auf Küchenpapier abtropfen lassen.

5 Währenddessen die Buns halbieren und rösten (s. S. 6). Die Bun-Böden und -Deckel mit 1 guten EL Erdnuss-Sauce bestreichen. Kohl daraufhäufen. Die fertigen Schnitzel daraufgeben, Sweet-and-Sour-Chilisauce darüberträufeln, etwas Koriandergrün aufstreuen, dann je 1 Salatblatt und darauf 2 Paprikaviertel legen. Bun-Deckel auflegen und servieren.

ALOHA-
BURGER

JACKIE-CHAN-
BURGER

55

JACKIE-CHAN-
BURGER

DAS BRAUCHST DU

FÜR DIE THUNFISCH-PATTYS

4 Thunfischsteaks
(à 125 g)

Salz, Pfeffer

2 EL Sesamsamen

Öl zum Braten

FÜR DIE ANANAS-SALSA

¼ reife Ananas

1 kleine rote Zwiebel

1 rote Chilischote

5 Stängel Koriandergrün

1 EL Limettensaft

1 TL brauner Zucker

Salz

AUSSERDEM

60 g rote Wasabi-Sprossen

50 g Bio-Salatgurke

1 Avocado

1 TL Limettensaft

4 Burger Buns
(s. S. 12)

8 EL Mayonnaise
(s. S. 20)

SO GEHT'S

1 Für die Ananas-Salsa das Ananasfruchtfleisch von der Schale schneiden, braune „Augen" herausschneiden und den Strunk wegschneiden. Das Fruchtfleisch (es sollten etwa 200 g sein) klein würfeln. Zwiebel schälen und fein würfeln, Chilischote waschen, halbieren, entkernen und fein hacken. Koriandergrün waschen, trocken schütteln, Blätter abzupfen und fein hacken. Alles mit Limettensaft und Zucker mischen, leicht salzen und 15 Minuten ziehen lassen.

2 Inzwischen Sprossen in ein Sieb geben, kalt abbrausen, abtropfen lassen und gut trocken tupfen. Salatgurke waschen und in dünne Scheiben schneiden. Avocado halbieren, Kern und Schale entfernen, das Fruchtfleisch längs in dünne Spalten schneiden und diese sofort in Limettensaft wenden, damit sie nicht braun werden.

3 Die Buns halbieren und rösten (s. S. 6), ggf. warm halten. Thunfisch salzen und pfeffern, mit Sesam bestreuen und die Samen festdrücken. Öl in einer beschichteten Pfanne erhitzen, darin den Thunfisch 2–3 Minuten braten, wenden und weitere 2–3 Minuten braten. Pfanne vom Herd nehmen und Thunfisch kurz darin ruhen lassen. Die Bun-Böden und -Deckel mit Mayonnaise bestreichen und mit Avocado belegen. Darauf den Thunfisch legen und Ananas-Salsa daraufgeben, darauf Gurke verteilen und Sprossen daraufhäufen. Bun-Deckel auflegen und die Burger sofort servieren.

56

ALOHA-
BURGER

DAS BRAUCHST DU

FÜR DIE PATTYS
4 Thunfischsteaks
(à ca. 150 g)
Salz, Pfeffer
Öl

FÜR DIE GEBRATENE ANANAS
½ Ananas
(siehe Tipp)
2 EL Butter
1 TL Honig
Salz

FÜR DIE AVOCADO-MAYONNAISE
2 reife Avocados
Saft von 1 Limette
1 Knoblauchzehe
Salz, Pfeffer
4 EL Olivenöl

AUSSERDEM
1 rote Paprikaschote
2–3 Stängel Koriandergrün
2 Frühlingszwiebeln
4 Burger Buns
(s. S. 12)
4–6 EL Sweet-and-
Sour-Chili-Sauce
(aus dem Asialaden)

SO GEHT'S

1 Für die Avocado-Mayonnaise Avocados halbieren, Kern entfernen, das Fruchtfleisch aus der Schale löffeln, in einen hohen Mixbecher geben und mit gut der Hälfte Limettensaft mischen. Knoblauchzehe schälen und dazupressen. Alles mit dem Pürierstab fein pürieren, salzen, pfeffern. Nun das Öl langsam nach und nach zugeben und dabei weiterpürieren, bis eine glänzende Creme entstanden ist. Mit Limettensaft, Salz und Pfeffer abschmecken.

2 Paprikaschote vierteln, putzen, waschen und die Viertel längs in schmale Streifen schneiden. Koriandergrün waschen und trocken schütteln, Blättchen abzupfen. Frühlingszwiebeln waschen, putzen, den grünen Teil in feine Ringe schneidenm den weißen Teil anderweitig verwenden.

3 Die Schale von der Ananas abschneiden und den Strunk herausschneiden, dann das Fruchtfleisch in 1 cm dicke Scheiben schneiden. Butter in einer beschichteten Pfanne erhitzen und die Ananas darin bei mittlerer Hitze auf beiden Seiten jeweils 3–4 Minuten anbraten, Honig darüberträufeln, die Ananas kurz darin karamellisieren lassen, salzen und in der Pfanne warm halten.

4 Die Thunfischsteaks salzen und pfeffern. Anschließend in einer beschichteten Pfanne 3–4 EL Öl erhitzen und die Steaks 3–4 Minuten pro Seite bei mittlerer Hitze darin braten. Gleichzeitig Buns halbieren und rösten (s. S. 6). Die untere Seite mit Avocado-Mayonnaise bestreichen, etwas Frühlingszwiebelringe aufstreuen. Thunfisch darauflegen, darüber die Ananas. Mit Sweet-and-Sour-Chili-Sauce beträufeln. Paprikastreifen darauflegen und mit Koriandergrün und übrigen Zwiebelringen bestreuen. Bun-Deckel auflegen und servieren.

TIPP

Besonders praktisch: In gut sortierten Supermärkten gibt es fertig geschälte Ananas (auch ohne Strunk) abgepackt zu kaufen. Diese lassen sich Ruckzuck in Ringe schneiden.

57

HELGOLAND-BURGER

DAS BRAUCHST DU

FÜR DAS FISCH-PATTY

350 g gut gekühltes Seelachsfilet

2 Scheiben Toastbrot

80 g gut gekühlte Sahne

1 kleine Zwiebel

1 EL Butter

1 Ei (Größe M)

1 EL gehackter Dill

1 TL Dijon-Senf

abgeriebene Schale
von ½ Bio-Zitrone

Paniermehl zum Wenden

Salz, Pfeffer

Öl zum Verarbeiten

Butterschmalz zum Braten

FÜR DIE DILLCREME

½ Bund Dill

150 g Joghurt

4 EL Mayonnaise
(s. S. 20 oder aus dem Glas)

1 TL Dijon-Senf

Salz, Pfeffer

2–3 EL Zitronensaft

AUSSERDEM

100 g gegarte geschälte
Nordseekrabben

1 Mini-Gurke

4 Blätter Kopfsalat

1 Zwiebel

4 Kartoffel-Buns
(s. S. 15)

SO GEHT'S

1 Das Fischfilet kalt abbrausen, abtupfen, grob würfeln und kühl stellen. Toastbrot zerzupfen und mit Sahne mischen, ziehen lassen. Zwiebel schälen und fein würfeln, Butter in einem Pfännchen schmelzen und die Zwiebel darin goldgelb braten, anschließend abkühlen lassen.

2 In der Zwischenzeit für die Dillcreme Dill waschen, trocken schütteln, Spitzen abzupfen und fein hacken. Mit Joghurt, Mayonnaise und Senf verrühren. Mit Salz, Pfeffer und Zitronensaft abschmecken.

3 Krabben in ein Sieb geben, kalt abbrausen und trocken tupfen. Gurke waschen, längs vierteln, Kerne herausschneiden. Die Gurkenviertel klein würfeln, mit Krabben und 2–3 EL Dillcreme mischen. Kopfsalat waschen und trocken tupfen, die Zwiebel schälen und in feine Ringe schneiden.

4 Fischwürfel mit eingeweichtem Toast, gebratenen Zwiebeln, Ei, Dill, Senf und Zitronenschale im Blitzhacker fein pürieren. Semmelbrösel in einen tiefen Teller geben. Die Fischmasse mit Salz und Pfeffer würzen und in 4 Portionen teilen. Mit leicht mit Öl benetzten Händen daraus 4 flache Pattys formen und beidseitig in Semmelbröseln wenden, diese leicht festdrücken.

5 Reichlich Butterschmalz in einer beschichteten Pfanne erhitzen, darin die Pattys beidseitig in 10–12 Minuten bei mittlerer Hitze knusprig braun braten. Zwischenzeitlich Buns halbieren und rösten (s. S. 6). Die Bun-Böden und -Deckel mit je der Hälfte der Dillcreme bestreichen. Je 1 Blatt Salat, darauf das Fisch-Patty und etwas Zwiebeln auf einen Boden legen. Darauf die Krabbenmasse verteilen und mit Salat und Zwiebelringen belegen. Bun-Deckel auflegen und servieren.

58

KOSAMUI-
BURGER

DAS BRAUCHST DU

FÜR DIE FISCH-PATTYS
380 g gut gekühltes Rotbarschfilet
10 Kaffir-Limettenblätter
2 EL Limettensaft
1 TL rote Thai-Currypaste
1 Ei
(Größe S)
1 ½ EL gehacktes Koriandergrün
3–4 EL Semmelbrösel
Salz, Pfeffer

FÜR DIE AVOCADOCREME
⅓ Bund Koriandergrün
2 Stängel Minze
3 Frühlingszwiebeln
1 kleine Knoblauchzehe
2 reife, weiche Avocados
1 EL Limettensaft
Salz, Pfeffer
2–3 Msp. Chiliflocken

AUSSERDEM
1 reife Mango
4 Blätter Kopfsalat
2 Tomaten
4 schwarze Buns
(s. S. 13)
5–6 EL Sweet-and-Sour-Chili-
Sauce (aus dem Asialaden,
nach Belieben)

SO GEHT'S

1 Für die Fisch-Pattys Fischfilet kalt abbrausen, abtupfen, grob würfeln und kühl stellen. Limettenblätter waschen, die harte Mittelrippe heraus-schneiden und die Blatthälften fein hacken. Den Fisch im Blitzhacker oder mit der Küchenmaschine nur grob zerkleinern. Dann mit Limetten-blättern, Limettensaft, Currypaste, Ei und Koriandergrün vermengen, dabei nach und nach Semmelbrösel untermengen, bis die Masse gut bindet, mit Salz und Pfeffer würzen. Aus der Masse 4 gleich große Pattys formen und kühl stellen (s. S. 10/11).

2 Inzwischen für die Avocadocreme die Kräuter waschen, trocken schüt-teln Blättchen abzupfen, einige Korianderblättchen beiseitelegen, den Rest mit der Minze fein zerschneiden. Frühlingszwiebeln waschen, putzen, den weißen Teil anderweitig verwenden, den grünen in feine Ring schnei-den, die Hälfte davon beiseitelegen. Knoblauch schälen und durchpres-sen. Avocados halbieren, Kern entfernen, das Fruchtfleisch herauslöffeln und sofort mit dem Limettensaft und den übrigen Zutaten im Blitzha-cker grob zerhacken bzw. pürieren, oder alles mit einer Gabel unterein-ander drücken, mit Salz, Pfeffer und Chiliflocken würzen.

3 Mango mit dem Sparschäler schälen, anschließend das Fruchtfleisch längs vom Stein schneiden und in dünne Spalten schneiden. Salat wa-schen und trocken schütteln, Tomaten waschen und quer in dünne Scheiben schneiden.

4 Öl in einer beschichteten Pfanne erhitzen, darin die Pattys beidseitig in 10–12 Minuten bei mittlerer Hitze braun braten. Zwischenzeitlich Buns halbieren und rösten (s. S. 6). Die Avocadocreme auf die Bun-Böden ge-ben und rund in Form drücken. Fischpatty auflegen, darauf Tomaten und etwas Zwiebel- und Koriandergrün geben, dann die Mango darauf verteilen und nach Wunsch etwas Sweet-and-Sour-Chili-Sauce darüber-träufeln. Restliches Zwiebel- und Koriandergrün darüberstreuen, mit dem Salat abdecken und den Bun-Deckel auflegen, sofort servieren.

59

EASY PEASY FISCH-BURGER

DAS BRAUCHST DU

FÜR DIE PATTYS

400 g Seelachsfilet

½ Bio-Zitrone

2 Stängel Estragon

8 EL Semmelbrösel

1 Ei
(Größe S)

2 TL Dijon-Senf

Salz, Pfeffer

Butterschmalz zum Braten

FÜR DIE ERBSEN

1 Schalotte

2 Stängel Estragon

2 EL Butter

400 g tiefgekühlte Erbsen

½ TL gekörnte Gemüsebrühe
(Pulver)

3 EL Sahne

Salz, Pfeffer

½ Bio-Zitrone

FÜR DEN KERBELSCHMAND

2 Handvoll Kerbel

120 g Schmand

3 EL Mayonnaise
(s. S. 20)

AUSSERDEM

8 Radieschen

4 grüne Burger Buns
(s. S. 13)

4 Scheiben Räucherlachs

SO GEHT'S

1 Für die Fischpattys das Fischfilet kalt abbrausen, abtupfen, grob würfeln und kühl stellen. Zitrone heiß abwaschen, abtrocknen, Schale abreiben und den Saft auspressen. Estragon waschen, trocken schütteln, Blättchen abzupfen und grob hacken. Den Fisch im Blitzhacker oder mit der Küchenmaschine mit 2 EL Zitronensaft und -schale, Estragon, 4 EL Semmelbröseln, Ei und Senf fein zerkleinern. Mit Salz und Pfeffer würzen und die Masse kühl stellen.

2 Inzwischen für die Erbsen Schalotte schälen und fein würfeln, Estragon waschen, trocken schütteln und fein hacken. Butter in einem Topf erhitzen, darin die Schalotte goldgelb anschwitzen. Tiefgekühlte Erbsen, Brühepulver und Sahne zugeben, salzen, pfeffern und bei mittlerer Hitze in ca. 10 Minuten garen. Zitrone heiß abwaschen, abtrocknen, Schale abreiben und den Saft auspressen. 2–3 Msp. Zitronenschale und 3 Spritzer Zitronensaft (den Rest für den Schmand verwenden) unter die Erbsen rühren und vom Herd nehmen. Die Erbsen samt Garflüssigkeit mit dem Kartoffelstampfer grob zermusen und warm halten.

3 Inzwischen für den Schmand den Kerbel waschen, trocken schütteln und grob zerschneiden. Mit 1 EL Schmand und 2 Spritzern Zitronensaft pürieren. Mit übrigem Schmand und Mayonnaise verrühren und mit Salz, Pfeffer und 2 Msp. Zitronenschale würzen. Radieschen waschen, putzen und in Scheiben schneiden.

4 Die Fischmasse in 4 Portionen teilen, übrige Semmelbrösel in einen tiefen Teller geben. Aus der Fischmasse 4 flache Pattys formen und beidseitig in Semmelbröseln wenden, diese leicht festdrücken.

5 Reichlich Butterschmalz in einer beschichteten Pfanne erhitzen, darin die Pattys beidseitig in 10–12 Minuten bei mittlerer Hitze knusprig braun braten. Zwischenzeitlich Buns halbieren und rösten (s. S. 6). Die Erbsencreme auf den Bun-Böden verteilen und in Form drücken. Pattys auflegen. Darauf je 1 Scheibe Lachs legen und darauf die Radieschen verteilen. Kerbelschmand darauf verteilen, mit Bun-Deckeln belegen, sofort servieren.

60

LUCKY LACHS-
BURGER

DAS BRAUCHST DU

FÜR DEN LACHS

350 g Lachsfilet
(ohne Haut)

50 ml Sojasauce

2 EL Mirin
(japanischer Reiswein,
ersatzweise trockener Sherry)

1 EL Zucker

Salz

AUSSERDEM

4 Blätter Kopfsalat

1 TL schwarze Sesamsamen

4 Bao Buns
(s. S. 17)

8 EL Wasabi-Mayonnaise
(s. S. 21)

Asia-Pickles
(s. S. 35)

1 Kästchen Daikon-Kresse
(ersatzweise Radieschen-Kresse)

SO GEHT'S

1 Den Lachs kalt abspülen und trocken tupfen. Anschließend Sojasauce, Mirin und Zucker in einen Topf geben und unter Rühren aufkochen. Bei mittlerer Hitze 2–3 Minuten unter Rühren einköcheln, bis sich der Zucker vollständig gelöst hat und die Sauce dickflüssiger wird. Vom Herd nehmen. Mindestens lauwarm abkühlen lassen, dann mit dem Lachs in einen Gefrierbeutel geben. Beutel verschließen und den Lachs 1 Stunde im Kühlschrank darin ziehen lassen.

2 Den Backofen auf 230 °C (Ober-/Unterhitze) vorheizen. Den Lachs aus der Marinade nehmen, ganz leicht salzen und in eine kleine ofenfeste Form legen. Im heißen Ofen 15–17 Minuten garen, dabei mehrmals mit der Marinade aus dem Beutel bepinseln. Anschließend herausnehmen und warm halten.

3 Inzwischen den Salat waschen und gut trocken tupfen. Sesamsamen in einer Pfanne ohne Fett rösten, bis sie duften, abkühlen lassen.

4 Die Buns aufklappen und je 2 Salatblätter einlegen. 1 knappen EL Mayonnaise dar아ufträufeln und abgetropfte Asia-Pickles hineinhäufen. Den Lachs mit einer Gabel klein zerzupfen und auf den Pickles verteilen. Übrige Mayonnaise darüberträufeln. Kresse vom Beet schneiden und mit den Sesamsamen daraufstreuen.

3. KAPITEL:

ES DARF RUHIG MAL GEMÜSE SEIN...

Pattys, mit denen Vegetarier und auch mal Veganer glücklich werden

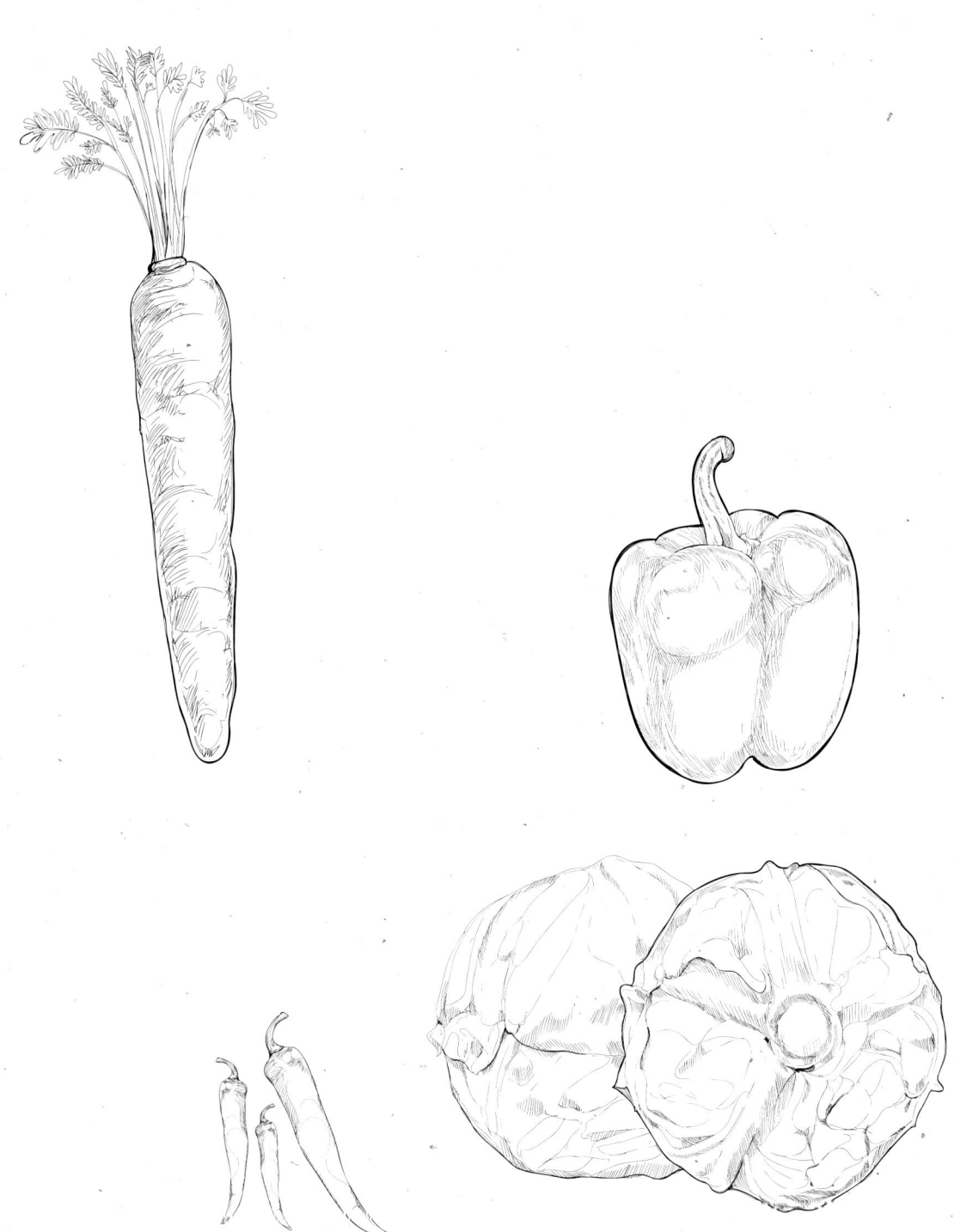

61

BOMBAY-
BURGER

VEGGIE

DAS BRAUCHST DU

FÜR DIE SÜSSKARTOFFEL-PATTYS

2 kleine Süßkartoffeln
(ca. 450 g)

1 kleine Zwiebel

1 Knoblauchzehe

Ghee (s. S. 85) oder Öl zum Braten

50 g rote Linsen

125 ml Gemüsebrühe

1 TL Leinsamenmehl

Saft von ½ Limette

½ TL Garam Masala

⅓–¼ TL Chilipulver

120 g Mehl

Semmelbrösel zum Wenden

FÜR DIE RAITA

½ Bund Koriandergrün

4 Stängel Minze

200 g griechischer Joghurt

⅓ TL gemahlener Kreuzkümmel

Salz, Pfeffer

1 dicke Möhre

1 Rote Bete
(ca. 100 g)

2 EL Weißweinessig

8 Blätter Friséesalat

4 Oriental Buns
(s. S. 16)

4 EL Mango-Chutney
(s. S. 25)

SO GEHT'S

1 Für die Pattys den Backofen auf 200 °C vorheizen. Süßkartoffeln waschen und rundum mit einer Gabel mehrmals einstechen. Auf ein mit Backpapier ausgelegtes Blech legen und im heißen Ofen 45–60 Minuten garen, dabei einmal wenden. Herausnehmen, ausdampfen lassen, dann die Haut abziehen und abkühlen lassen.

2 Inzwischen Zwiebel und Knoblauch schälen und fein würfeln. Beides in 2 EL Öl oder Ghee in einem Topf goldgelb anbraten. Linsen und Brühe zugeben und zugedeckt 20–25 Minuten garen, bis die Linsen weich sind und zerfallen; evtl. gegen Ende Topf öffnen, sodass die Flüssigkeit vollständig verdunstet, abkühlen lassen. Leinsamenmehl gründlich mit Limettensaft verrühren und quellen lassen.

3 Süßkartoffeln, Linsen und Gewürze mit einer Gabel fein zermusen. Den Leinsamenbrei gründlich untermengen, dann das Mehl nach und nach untermengen, bis eine formbare, weiche Masse entstanden ist. Diese zu 4 gleich großen Kugeln formen und in Semmelbröseln zu flachen Pattys drücken, dann wenden und die andere Seite ebenfalls in Bröseln wenden. 30 Minuten im Kühlschrank ruhen lassen.

4 Inzwischen für die Raita die Kräuter waschen, trocken schütteln, Blättchen abzupfen, einige beiseitelegen, den Rest fein hacken. Gut Zweidrittel davon mit Joghurt und Kreuzkümmel verrühren, salzen und pfeffern. Möhre und Rote Bete schälen und mit dem Spiralschneider in feine Streifen hobeln. In eine Schüssel geben, mit Essig beträufeln und mit kochend heißem Wasser überbrühen, sodass sie gerade bedeckt sind. 2 Minuten ziehen lassen, dann herausnehmen und trocken tupfen. Salat waschen und trocken tupfen.

5 Den Backofen auf 200 °C (Ober-/Unterhitze) vorheizen, Blech mit Backpapier auslegen. Reichlich Ghee oder Öl in einer beschichteten Pfanne erhitzen, darin die Pattys beidseitig braun braten. Auf das Blech legen und im Ofen (Mitte) 25–35 Minuten backen, bis sie eine knusprige Kruste haben.

6 Buns halbieren und rösten (s. S. 6). Die Bun-Böden mit 1 EL Raita bestreichen. Salat darauflegen und je 1 Patty auflegen. Chutney darauf verteilen und Rote-Bete-Möhren-Spiralen auflegen. Mit Kräuterblättchen bestreuen und übrige Raita darüberträufeln, Bun-Deckel auflegen und servieren.

62

ALOO-TIKI-BURGER

VEGGIE

DAS BRAUCHST DU

FÜR DIE PATTYS

350 g mehlig kochende Kartoffeln

1 kleine Zwiebel

1 Knoblauchzehe

15 g frischer Ingwer

Öl oder Ghee zum Braten

80 g TK-Erbsen

1 TL gemahlener Kreuzkümmel

⅓ TL Chilipulver

⅓ TL Kurkumapulver

Salz, Pfeffer

1 EL Zitronensaft

1 TL Garam Masala

1–2 EL Kichererbsenmehl

2 EL fein gehacktes Koriandergrün

FÜR DIE ROTE-BETE-RAITA

1 Rote Bete (ca. 150 g)

1 Schalotte

2 EL Kokosöl

1 TL Kreuzkümmelsamen

Salz, Pfeffer

3 EL Kokosraspel

3 EL griechischer Joghurt
(10 % Fett)

AUSSERDEM

8 Blätter Kopfsalat

4 Oriental Buns
(s. S. 16)

Koriander-Chutney
(s. S. 24)

100 g Knoblauchsprossen

SO GEHT'S

1 Für die Raita Rote Bete schälen und grob auf der Rohkostreibe raspeln. Schalotte schälen und fein würfeln. Kokosöl in einer beschichteten Pfanne erhitzen, darin die Schalotte anschwitzen, Kreuzkümmel zugeben und kurz mitbraten. Anschließend die Rote Bete unterrühren, salzen, pfeffern und 5 Minuten mitbraten. Kokosraspel und 5–6 EL Wasser zugeben und weitere 15 Minuten offen bei kleiner Hitze garen, das Wasser sollte verdunsten. Abkühlen lassen, mit Joghurt mischen, salzen, pfeffern und etwas ziehen lassen.

2 Für die Pattys Kartoffeln waschen und dann in ausreichend Wasser in 20–25 Minuten zugedeckt garen, abgießen und ausdampfen lassen. Inzwischen Zwiebel, Knoblauch und Ingwer schälen und fein würfeln und in einem Topf in 2 EL Öl oder Ghee goldgelb anbraten. Die gefrorenen Erbsen mit Kreuzkümmel, Chili und Kurkuma zugeben und kurz mitanbraten, dann 5–6 EL Wasser zugeben, salzen, pfeffern und offen bei mittlerer Hitze 10 Minuten garen lassen, bis das Wasser verdampft ist, dann mit Zitronensaft und Garam Masala abschmecken.

3 Die Kartoffeln heiß pellen und mit einer Gabel zermusen. Die Erbsen ebenfalls leicht anquetschen und mit Kichererbsenmehl und Koriandergrün unter die Kartoffelmasse mengen, salzen und pfeffern. Die Masse in 4 Portionen teilen und daraus 4 Pattys formen. Salat waschen und trocken tupfen.

4 Die Pattys in Öl oder Ghee in einer beschichteten Pfanne in jeweils 5–6 Minuten pro Seite goldbraun braten. Zwischenzeitlich Buns halbieren und rösten (s. S. 6). Die untere Hälfte mit Raita bestreichen, je 1 Salatblatt auflegen, darauf je 1 Patty setzen und mit Koriander-Chutney beträufeln, darauf Sprossen geben, 1 Salatblatt auflegen und mit dem Bun-Deckel abdecken und servieren.

63

MR. GREEN
BEAN

VEGGIE

DAS BRAUCHST DU

FÜR DIE PATTYS

350 g aufgetaute ausgelöste,
TK-Edamame

⅓ Bund Koriandergrün

⅓ Bund Petersilie

1 Zwiebel

1 Knoblauchzehe

1 TL gemahlener Kreuzkümmel

Salz, Pfeffer

1 Bio-Zitrone

3 EL Olivenöl

2 Eier
(Größe S)

3 EL Kichererbsenmehl

FÜR DIE SESAMCREME

4 EL Tahin
(Sesammus)

150 g Joghurt

5–6 EL Zitronensaft

Salz, Pfeffer

AUSSERDEM

2 Handvoll Baby-Spinat

2 Frühlingszwiebeln

Rosa-Rettich-Pickles
(s. S. 26)

1 Kästchen Radieschenkresse
(möglichst die mit den
roten Stielen)

4 grüne Burger Buns
(s. S. 13)

SO GEHT'S

1 Für die Pattys den Backofen auf 200 °C vorheizen. Edamame trocken tupfen, Kräuter waschen, trocken tupfen und samt Stängeln grob hacken. Zwiebel und Knoblauch schälen, beides grob würfeln. Alles mit Kreuzkümmel, Salz, Pfeffer, Chili, Zitronensaft und 1 EL Öl pürieren (am besten im Blitzhacker). Ei und Mehl zugeben und nochmals kurz pürieren.

2 Die Edamame-Masse in 4 Portionen teilen, zu 4 flachen ca. 1 cm hohen Pattys formen und auf ein mit Backpapier ausgelegtes Blech legen. Im heißen Ofen (Mitte, Umluft 180 °C) ca. 30 Minuten backen. Anschließend vorsichtig wenden, obere Seite mit restlichem Öl bepinseln und in weiteren 20–30 Minuten braun backen.

3 Inzwischen für die Sesamcreme Tahin mit Joghurt glatt verrühren und mit Zitronensaft, Salz und Pfeffer abschmecken, evtl. noch etwas Wasser unterrühren. Spinat waschen, verlesen und trocken schleudern. Frühlingszwiebeln waschen, trocken schütteln, das Grün in feine Röllchen schneiden, den weißen Teil anderweitig verwenden. Pickles abtropfen lassen, Radieschenkresse vom Beet schneiden.

4 Die Buns halbieren und rösten (s. S. 6). Die Bun-Böden mit Zweidrittel der Tahincreme bestreichen und mit Zwiebelgrün bestreuen. Die Pattys auflegen, übrige Tahincreme darauf verteilen, Spinat darauf verteilen, darüber einige Rosa-Rettich-Pickles schichten und diese mit Radieschenkresse bestreuen. Burger-Deckel auflegen und sofort servieren.

64

MAGIC-MUSHROOM-
BURGER

DAS BRAUCHST DU

FÜR DIE „PILZ-PATTYS"

4 Portobello-Pilze
(ca. 350 g, ersatzweise
große Champignons)

1 Knoblauchzehe

2 Zweige Thymian

2 EL Olivenöl

Salz, Pfeffer

100 ml Gemüsebrühe

1 EL Aceto balsamico

⅓ TL Zucker

FÜR DIE TOMATEN

2 große Tomaten

Salz, Pfeffer

½ TL Zucker

2 EL Olivenöl

AUSSERDEM

100 g Baby-Spinat

1 rote Zwiebel

4 vegane Burger Buns
(s. S. 14)

8 EL Cashew-Cocktail-Sauce
(s. S. 23)

SO GEHT'S

1 Den Baby-Spinat waschen und trocken schütteln. Zwiebel schälen und in Ringe schneiden.

2 Für die „Pattys" die Pilze sauber abreiben, Knoblauch schälen und in Scheiben schneiden. Thymian waschen, trocken schütteln, Blättchen abzupfen und fein hacken. Öl in einer beschichten Pfanne erhitzen, darin die Pilze auf der runden Seite anbraten, Knoblauch zugeben. Pilze salzen, pfeffern, mit etwas Thymian bestreuen, wenden und fest mit einem Löffel in die Pfanne drücken und so die andere Seite anbraten.

3 Brühe, Essig, Zucker und übrigen Thymian zu den Pilzen in die Pfanne geben und die Flüssigkeit bei großer Hitze einkochen lassen. Die Pilze in 8–10 Minuten weich garen, dabei mehrmals in der Bratflüssigkeit wenden und fest an den Pfannenboden andrücken. Anschließend die Pilze aus der Pfanne nehmen und auf Küchenpapier abtropfen lassen, evtl. sogar leicht damit ausdrücken. Bratsud aufbewahren.

4 Gleichzeitig Tomaten quer in 8 dicke Scheiben schneiden. ½ TL Salz mit Zucker und reichlich Pfeffer mischen und die Tomatenscheiben auf einer Seite damit bestreuen. Öl in einer beschichteten Pfanne erhitzen, darin die gewürzte Seite 1–2 Minuten braten, wenden und weitere 2–3 Minuten braten.

5 Inzwischen die Buns halbieren und rösten (s. S. 6). Die Bun-Böden und -Deckel mit je 1 EL Cashew-Cocktail-Sauce bestreichen. Die Hälfte Spinat auf den Böden verteilen. Etwas Pilzbratsud darüberträufeln, erst Zwiebeln, dann Pilze auflegen, darauf die Tomaten geben und den restlichen Spinat daraufhäufen. Bun-Deckel auflegen und sofort servieren.

65

ROTBEETCHEN OHNE WOLF

DAS BRAUCHST DU

FÜR DIE ROTE-BETE-PATTYS

1 Dose Kidneybohnen
(ca. 240 g Abtropfgewicht)

1 Rote Bete
(ca. 180 g)

1 Knoblauchzehe

30 g Walnusskerne

3 Zweige Thymian

4 EL zarte Haferflocken

1 Ei
(Größe M)

Salz, Pfeffer

1 ½ TL gemahlener
Kreuzkümmel

2 EL Olivenöl

FÜR DEN
SCHNITTLAUCHSCHMAND

150 g Schmand

50 g saure Sahne

½ Bio-Zitrone

1 Bund Schnittlauch

Salz, Pfeffer

AUSSERDEM

8 Blätter Lollo bianco

1 Fleischtomate

50 g Alfalfa-Sprossen

4 Burger Buns
(s. S. 12)

6 EL Gurken-Pickles
(s. S. 27)

SO GEHT'S

1 Die Bohnen in ein Sieb geben und abtropfen lassen. Rote Bete schälen (dazu Gummihandschuhe tragen, sie färbt stark) und auf der Rohkostreibe fein raspeln. Knoblauch schälen und grob zerschneiden, mit Bohnen und der Hälfte der Roten Bete pürieren. Walnüsse im Blitzhacker grob zerkleinern, Thymian waschen, trocken schütteln, Blättchen abzupfen und fein hacken. Beides mit dem Bohnenpüree, den restlichen Beteraspeln, Haferflocken und dem Ei vermengen. Kräftig mit Salz, Pfeffer und Kreuzkümmel würzen. Die Masse 30 Minuten ziehen lassen.

2 Inzwischen Schmand und saure Sahne verrühren. Zitrone heiß waschen, abtrocknen, Schale fein abreiben, den Saft auspressen. Schnittlauch waschen, trocken schütteln, in Röllchen schneiden und mit ½ TL Zitronenschale unter die Creme rühren. Salzen, pfeffern und mit 1–2 Spritzern Zitronensaft abschmecken.

3 Währenddessen Salat waschen und trocken tupfen. Tomate waschen und quer in ca. 1 cm dicke Scheiben schneiden, dabei den Stielansatz entfernen. Sprossen in einem Sieb kalt abbrausen und abtropfen lassen.

4 Den Backofen auf 220 °C (Ober-/Unterhitze) vorheizen, ein Blech mit Backpapier auslegen. Aus der Rote-Bete-Bohnenmasse 4 Pattys formen, beidseitig mit Öl bepinseln, auf das Blech legen und im heißen Ofen (Mitte) in 30–40 Minuten knusprig backen, dabei wenden und nochmals mit Öl bepinseln.

5 Buns halbieren und rösten (s. S. 6). Bun-Böden und -Deckel mit Schnittlauchschmand bestreichen. Auf die Böden je 1 Salatblatt auflegen. Darauf 1 Patty setzen, Gurken-Pickles daraufhäufen. Eine Tomatenscheibe auflegen, darauf Sprossen verteilen, 1 Salatblatt darüberlegen und mit dem Bun-Deckel abschließen, servieren.

66

THANKS-FOR-GIVING-
BURGER

VEGGIE

DAS BRAUCHST DU

FÜR DIE HIRSE-KÜRBIS-PATTYS

80 g Hirse

Salz, Pfeffer

180 g Hokkaido-Kürbis
(geputzt ca. 140 g)

1 Stück Lauch
(80 g)

1 Knoblauchzehe

2 Zweige Thymian

2 EL Olivenöl

2 EL Magerquark

1 Ei
(Größe M)

1 TL Currypulver

FÜR DIE PILZE

120 g Austernpilze

2 EL Olivenöl

1 TL Butter

Salz, Pfeffer

AUSSERDEM

4 Radicchioblätter

1 Handvoll Feldsalat

80 g Parmesan

8 EL Mayonnaise
(s. S. 20)

4 Kartoffel-Buns
(s. S. 15)

SO GEHT'S

1 Für die Pattys 150 ml Wasser aufkochen, Hirse zugeben und salzen. Bei kleiner Hitze zugedeckt 10 Minuten köcheln lassen, anschließend Herd ausschalten und die Hirse auf der warmen Herdplatte 10–15 Minuten ausquellen lassen. Abkühlen lassen.

2 Inzwischen den Kürbis waschen, Kerne und Fasern herauskratzen, das Fruchtfleisch mit Schale auf der Rohkostreibe grob raspeln. Lauch längs halbieren waschen, die Hälften längs in dünne Streifen und diese in Stückchen schneiden. Knoblauch schälen und fein hacken. Thymian waschen, trocken schütteln, Blättchen abzupfen und fein hacken. Öl in einer beschichteten Pfanne erhitzen, darin Lauch und Knoblauch anbraten, bis der Lauch bräunt, Kürbis und Thymian zugeben, salzen, pfeffern und unter Rühren 3–5 Minuten bei mittlerer bis großer Hitze braten. Abkühlen lassen.

3 Den Pfanneninhalt mit der Hirse, Quark und Ei verrühren, kräftig mit Currypulver, Salz und Pfeffer würzen. Daraus 4 Pattys formen und 30 Minuten zugedeckt im Kühlschrank ruhen lassen. Backofen auf 250 °C vorheizen, ein Blech mit Backpapier auslegen. Pattys auf das Blech legen und im heißen Ofen (Ober-/Unterhitze) auf mittlerer Stufe 30–35 Minuten backen, dabei nach 20 Minuten wenden.

4 Radicchio und Feldsalat waschen, putzen, trocken schleudern, Feldsalat evtl. kleiner zupfen. Pilze sauber reiben. Öl in einer beschichteten Pfanne erhitzen, darin die Pilze bei großer Hitze anbraten. Butter zugeben und braten, bis sie gebräunt und etwas weich sind, salzen und pfeffern. Parmesan in Späne hobeln.

5 Die Buns halbieren und rösten (s. S. 6). Bun-Böden und -Deckel mit 1 EL Mayonaise bestreichen. Auf die Böden je 1 Radicchioblatt, darauf 1 Patty legen. Pilze darauf verteilen, Feldsalat und Parmesan darübergeben. Bun-Deckel auflegen und sofort servieren.

67

WALD & WIESEN- BURGER

VEGAN

DAS BRAUCHST DU

FÜR DIE PATTYS

100 g Berglinsen

1 EL Leinsamenmehl

80 g braune Champignons

50 g Lauch

1 Zwiebel

4 Zweige Thymian

4 EL Olivenöl

Salz, Pfeffer

1 EL Tomatenmark

4 Haferflocken

Olivenöl zum Braten

AUSSERDEM

8 EL Sojanese
(s. s. 22)

½ Bund Petersilie

8 Blätter (roter) Eichblattsalat

4 vegane Buns
(s. S. 14)

SO GEHT'S

1 Für die Pattys Linsen mit 400 ml Wasser in einem Topf aufkochen und bei mittlerer Hitze zugedeckt in ca. 25 Minuten garen, dabei sollten sie nicht zerkochen. In ein Sieb abgießen und abtropfen lassen. Inzwischen Leinsamenmehl und 4 EL Wasser mit dem Schneebesen glatt verrühren und quellen lassen. Champignons sauber reiben und klein würfeln, Lauch waschen, putzen, Zwiebel schälen und beides ebenfalls klein würfeln. Thymian waschen, trocken schütteln, Blättchen abzupfen und hacken. 2 EL Olivenöl in einer Pfanne erhitzen, darin Zwiebel und Lauch anschwitzen. Pilze zugeben und bei großer Hitze braun braten, dabei sollte möglichst alle Flüssigkeit verdunsten. Salzen und pfeffern, Thymian und Tomatenmark unterrühren, kurz weiterrösten, dann abkühlen lassen.

2 Backofen auf 200 °C vorheizen, ein Backblech mit Backpapier auslegen. Linsen, Pilzmischung und Haferflocken grob pürieren, Leinsamenmischung untermixen. Aus dieser Masse 4 flache Burgerpattys formen. In einer Pfanne reichlich Öl erhitzen, darin die Pattys beidseitig braun anbraten. Dann auf das Blech legen und in ca. 40 Minuten fertig backen, dabei einmal wenden.

3 Inzwischen die Sojanese zubereiten. Petersilie waschen, trocken schütteln, Blätter abzupfen, die Hälfte fein hacken und unter die Sojanese rühren, die restlichen grob zerzupfen. Salat waschen, putzen, trocken tupfen.

4 Die Buns halbieren und rösten (s. S. 6). Die Bun-Böden mit je 1 knappen EL Sojanese bestreichen. Patty auflegen, Salatblätter darüberschichten und mit restlicher Sojanese beträufeln, Zwiebelpickles daraufhäufen und mit Petersilienblättchen bestreuen, Bun-Deckel auflegen und servieren.

68

CYPRUS-
STAR

VEGGIE

DAS BRAUCHST DU

300 g Spinat
1 Knoblauchzehe
2 EL Olivenöl
Salz, Pfeffer

FÜR DIE LINSENCREME
2 Stangen Staudensellerie
1 Schalotte
1 Knoblauchzehe
3 Zweige Thymian
2 EL Olivenöl
1 EL Tomatenmark
100 g rote Linsen
200 ml Gemüsebrühe
½ TL gemahlener Kreuzkümmel
Salz, Pfeffer

AUSSERDEM
2 Tomaten
4 Scheiben Halloumi
(à 100 g)
Öl zum Braten
4 Burger Buns
(s. S. 12)
6 EL Knoblauch-Mayonnaise
(s. S. 21)

SO GEHT'S

1 Für die Linsencreme Staudensellerie waschen und putzen, das Grün beiseitelegen, die Stangen längs halbieren und in kleine Stücke schneiden. Schalotte und Knoblauch schälen und fein würfeln. Thymian waschen, trocken schütteln, Blättchen abzupfen und fein hacken. Öl in einem Topf erhitzen, darin Zwiebel, Knoblauch und Sellerie anschwitzen, bis sie leicht bräunen. Tomatenmark und Thymian unterrühren und kurz mitrösten. Dann Linsen und Gemüsebrühe zugeben, mit Kreuzkümmel, Salz und Pfeffer würzen. Bei mittlerer Hitze in 25–30 Minuten offen garen, bis die Linsen weich sind und leicht zerfallen. Lauwarm abkühlen lassen, evtl. leicht mit einer Gabel zermusen.

2 Inzwischen Spinat waschen und verlesen. Knoblauch schälen und fein hacken. Öl in einem Topf erhitzen, darin den Knoblauch anschwitzen. Den tropfnassen Spinat zugeben, salzen, pfeffern und bei großer Hitze zusammenfallen lassen. In ein Sieb abgießen und abtropfen lassen, etwas abkühlen lassen, dann so viel Flüssigkeit wie möglich ausdrücken und den Spinat zerzupfen. Tomaten waschen und quer in Scheiben schneiden, dabei den Stielansatz entfernen. Selleriegrün grob hacken.

3 In einer beschichteten Pfanne 2–3 EL Öl erhitzen, darin den Halloumi beidseitig in 3–4 Minuten pro Seite braten. Gleichzeitig Buns halbieren und rösten (s. S. 6). Die Linsencreme auf den Bun-Böden verteilen, darauf je 1 Scheibe Halloumi legen, etwas Selleriegrün aufstreuen, darauf Spinat und darauf die Tomaten verteilen. Die Bun-Deckel mit Knoblauch-Mayonnaise bestreichen, auflegen und servieren.

69

SUZIE-WONG-
BURGER

VEGGIE

DAS BRAUCHST DU

400 g fester Tofu

2 EL Sweet-and-Sour-Chilisauce
(aus dem Asialaden)

1 TL Chilisauce (z. B. Sriracha)

2 EL Sojasauce

5–6 EL Speisestärke

Öl zum Braten

AUSSERDEM

2 (asiatische) Schalotten

6 Stängel Koriandergrün

2 Stängel Thai-Basilikum

60 g Baby-Spinat

4 Burger Buns
(s. S. 12)

4 EL Ketchup
(s. S. 18)

6 EL Maracuja-Mayonnaise
(s. S. 21)

Asia-Pickles
(s. S. 35)

SO GEHT'S

1 Den Tofu in einen dick mit Küchenpapier ausgelegten Teller legen. Küchenpapier und darüber ein Brett auflegen. Konservendosen darauf stellen und so 2–4 Stunden Flüssigkeit aus dem Tofu pressen. Anschließend nochmals gut trocken tupfen. Tofu in 4 gleich dicke Scheiben schneiden. Sweet-and-Sour-Chilisauce, Chilisauce und Sojasauce verrühren und den Tofu 2 Stunden darin marinieren.

2 Schalotten schälen und in feine Ringe oder grobe Würfel schneiden. Die Kräuter waschen, trocken schütteln, Blättchen abzupfen und zerzupfen. Spinat waschen und trocken schleudern.

3 Den Tofu trocken tupfen. Stärke in einen tiefen Teller geben und den Tofu darin rundum wenden, überschüssige Stärke abklopfen. Reichlich Öl in einer beschichteten Pfanne erhitzen. Den Tofu darin in 6–8 Minuten rundum knusprig braun braten, herausnehmen und evtl. warm halten.

4 Gleichzeitig Buns halbieren und rösten (s. S. 6). Den Ketchup auf den Bun-Böden verteilen, die Maracuja-Mayonnaise auf den Deckeln. Spinat auf den Böden verteilen, mit Schalotten bestreuen. Darauf je 1 Scheibe Tofu legen. Reichlich abgetropfte Asia-Pickles darauf häufen, dick mit Kräutern bestreuen und die Bun-Deckel auflegen, sofort servieren.

70

JAKARTA- BURGER

DAS BRAUCHST DU

400 g Tempeh
Öl zum Braten

FÜR DAS CHILI-ORANGEN-KOMPOTT

4 Orangen

1 Knoblauchzehe

2 EL Olivenöl

2 EL Ahornsirup

2 EL Weißwein- oder Reisessig

2 EL Sojasauce

1 TL Sweet-and-Sour-Chilisauce
(aus dem Asialaden)

AUSSERDEM

6 Kopfsalatblätter

4 vegane Buns
(s. S. 14)

6 EL Asiatische Grüne Tofunaise
(s. S. 23)

Rainbow-Slaw
(s. S. 35)

1–2 EL Korianderblättchen

SO GEHT'S

1 Für das Chili-Orangen-Kompott von 2 Orangen die Schale mit einem Messer so ausschneiden, dass auch die weiße Haut mitentfernt ist. Das Fruchtfleisch zwischen den Häuten herausschneiden und in Stückchen schneiden, dabei den Fruchtsaft auffangen. Den Saft aus den übrigen Orangen auspressen. Knoblauch schälen.

2 Öl in einer beschichteten kleinen Pfanne erhitzen. Knoblauch hinein-pressen, kurz anschwitzen, dann mit Orangensaft ablöschen. Sofort Ahornsirup, Essig, Sojasauce und Sweet-and-Sour-Chilisauce einrühren. Köcheln lassen, bis die Flüssigkeit sirupartig einzudicken beginnt Oran-genstücke zugeben und kurz weiterköcheln, bis die Sauce zähflüssig ist. Vom Herd nehmen.

3 Inzwischen den Salat waschen und trocken tupfen. Den Tempeh in 4 gleich große Scheiben schneiden.

4 Reichlich Öl in einer beschichteten Pfanne erhitzen, darin den Tempeh beidseitig in 3–5 Minuten bei mittlerer Hitze goldbraun und knusprig braten, herausnehmen, ggf. warm halten. Gleichzeitig die Buns halbieren und rösten (s. S. 6). Die Bun-Böden und -Deckel mit je 1 knappen EL Grü-ner Tofunaise bestreichen und je 1 Salatblatt auflegen. Tempeh darauf-legen und mit dem Orangenkompott beträufeln. Korianderblättchen aufstreuen. Je 1 Salatblatt darüberlegen und den gut abgetropften Rain-bow-Slaw daraufhäufen. Bun-Deckel auflegen und die Burger servieren.

4. KAPITEL:
ES MUSS NICHT IMMER BROTCHEN SEIN...

Mit völlig unterschiedlichen „Buns",
die keine Brötchen sind ...

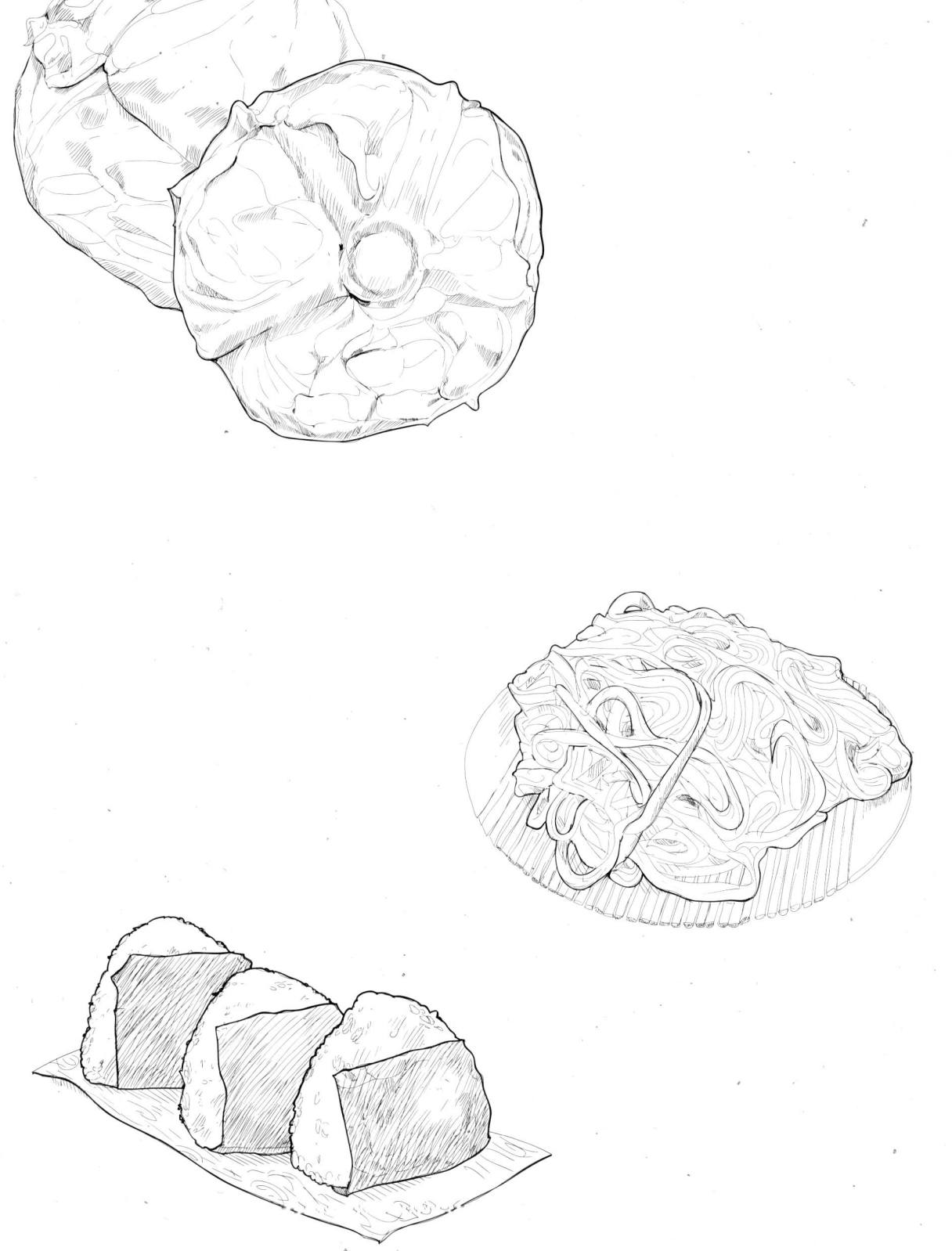

71 RAMEN-
BURGER

DAS BRAUCHST DU

FÜR DIE PATTYS

480 g Rinderhackfleisch
(s. S. 8)

FÜR DIE RAMEN-BUNS

250 g Mie- oder Ramen-Nudeln

2 Eier
(Größe M)

Salz

Öl zum Braten

AUSSERDEM

2 Mini-Pack-Choi

1 Knoblauchzehe

2 EL Bratöl

100 g weißer Rettich

4 EL Ketchup
(s. S. 18)

1 EL Sweet-and-Sour-Chilisauce
(aus dem Asialaden)

4 EL Miso-Mayo
(s. S. 21)

Salz

SO GEHT'S

1 Die Pattys, wie auf S. 10/11 beschrieben, vorbereiten und kühl stellen. Inzwischen den Pack Choi waschen und in einzelne Blätter teilen. Knoblauch schälen und in Scheiben schneiden. Öl in einer Pfanne erhitzen, darin den Knoblauch anschwitzen. Pack Choi tropfnass zugeben und unter Wenden bei großer Hitze zusammenfallen lassen, salzen, in ein Sieb gießen und abtropfen lassen. Anschließend die Blätter lang auslegen und trocken tupfen. Rettich schälen und längs in möglichst feine, hauchdünne Streifen hobeln. Ketchup mit Sweet-and-Sour-Chilisauce verrühren.

2 Die Nudeln nach Packungsanweisung bissfest garen, in ein Sieb abgießen, abtropfen lassen und, auf einem sauberen Geschirrtuch ausgebreitet, abtrocknen und abkühlen lassen. Eier mit etwas Salz in einer Schüssel verquirlen und die Nudeln darin gründlich wenden. Nudeln in 8 Portionen teilen und jeweils in einem Dessertring oder der Burgerpresse flach und fest zusammenpressen.

3 Reichlich Öl in einer hohen Pfanne erhitzen, die Nudel-Pattys vorsichtig einlegen und in 3–4 Minuten bei mittlerer Hitze knusprig braten, wenden. In weiteren 3–4 Minuten fertig braten, auf Küchenpapier abtropfen lassen und evtl. warm halten.

4 Die vorbereiteten Pattys in der Pfanne braten oder auf dem Grill grillen (s. S. 11). 4 der Mie-Buns mit je 1 knappen EL Miso-Mayo bestreichen. Fleischpatty auflegen, darauf die restliche Mayo geben. Pack-Choi-Blätter darauf anordnen und mit Ketchup beträufeln, darauf den Rettich verteilen und je 1 Bun-Deckel auflegen. Möglichst noch warm servieren.

72

UP IN THE
AIR

DAS BRAUCHST DU

FÜR DIE WOLKENBROT-BUNS

3 Eier
(Größe M)

Salz

100 g Doppelrahm-Frischkäse

2 Msp. Currypulver

1 gestr. TL Backpulver

FÜR DIE PATTYS

480 g Rinderhackfleisch
(s. S. 8)

AUSSERDEM

4 Blätter Eisbergsalat

1 Tomate

1 Frühlingszwiebel

Guacamole
(s. S. 24)

SO GEHT'S

1 Für die Wolkenbrot-Buns den Backofen auf 150 °C (Ober-/Unterhitze) vorheizen. Eier trennen, Eiweiße und 1 Prise Salz mit den Schneebesen des Handrührgeräts steif schlagen. Eigelbe mit Frischkäse und Currypulver glatt verrühren, Eischnee daraufgeben, Backpulver darübersieben und alles vorsichtig unterheben.

2 Den Teig in 8 Portionen mit reichlich Abstand zueinander als Häufchen auf 1–2 Bleche setzen. Im heißen Ofen (Mitte, Umluft 130 °C) in 25 Minuten (pro Blech) goldbraun backen. Herausnehmen, kurz abkühlen lassen, auf Kuchengittern vollständig auskühlen lassen.

3 Inzwischen die Pattys, wie auf S. 10/11 beschrieben, vorbereiten und kühl stellen. Salat waschen, trocken schleudern und in feine Streifen schneiden. Tomate waschen und quer in dünne Scheiben schneiden. Frühlingszwiebel waschen, putzen und mit dem Grün in feine Ringe schneiden.

4 Die Pattys braten oder grillen (s. S. 11). Die Wolkenbrötchen auf der glatten Seite mit jeweils etwas von der Guacamole bestreichen. Pattys auf 4 der Brötchen auflegen, darüber die Tomaten legen und die Zwiebelringe darüberstreuen. Die übrigen 4 Brötchen als Deckel mit der Guacamole nach unten auflegen und leicht andrücken, sofort servieren.

73

SUSHI-REIS-
BUNS

GRUND-
REZEPT

DAS BRAUCHST DU

FÜR 4 BUNS

250 g Sushi-Reis
3 EL Reisessig
2 EL Zucker
1 TL Salz
+ 3 EL Essig zum Arbeiten

SO GEHT'S

1 Den Reis in einer großen Schüssel in reichlich kaltem Wasser vorsichtig mit den Händen durchrühren – nicht zu fest, sonst brechen die Reiskörner. Sobald das Wasser milchig weiß ist, Reis in ein Sieb abgießen, kalt abbrausen. Wieder in eine Schüssel mit Wasser geben und diesen Vorgang des Wässerns und Abgießens zwei- bis dreimal wiederholen, bis das Wasser fast klar bleibt. Nach dem letzten Gang den Reis 30 Minuten in Wasser quellen lassen.

2 Reis in ein Sieb abgießen. Mit 270 ml Wasser in einem Topf zugedeckt bei großer Hitze 1–2 Minuten aufkochen. Hitze reduzieren und bei kleinster Hitze zugedeckt 10 Minuten garen. Den Topf vom Herd nehmen, Deckel abnehmen, ein sauberes Geschirrtuch über den Topf legen und den Reis 15 Minuten auskühlen lassen. Währenddessen Essig, Zucker und Salz in einem kleinen Topf unter Rühren erhitzen, bis Zucker und Salz sich vollständig aufgelöst haben. Dann vom Herd nehmen und abkühlen lassen.

3 Den Reis in eine möglichst breite flache Schüssel mit hohem Rand geben und den Reis vorsichtig verteilen. Essigmischung über den handwarmen Reis träufeln und mit einem breiten Holzspatel verteilen: dazu immer wieder vorsichtig, ohne den Reis zu drücken oder umzurühren, diagonale Linien durch den Reis ziehen – er sollte möglichst locker bleiben. Den Reis kühlen und etwas abtrocknen lassen, das geht am besten, wenn man den Reis mit der Kaltluftstufe des Föns trocken pustet. Anschließend bis zum Verarbeiten ein feuchtes Geschirrtuch über die Schale mit dem Reis legen, damit er nicht austrocknet.

4 Um die Buns zu formen, ein rundes kleines Sieb mit Frischhaltefolie auslegen und diese unter dem Sieb befestigen. Sushi-Reis in das Sieb geben und leicht darin festdrücken. Herauslösen und nochmals leicht von Hand in Form drücken. So 8 Plätzchen herstellen. ½ l Wasser mit 3 EL Reisessig mischen. Die Hände mit Essigwasser befeuchten und die Plätzchen zu einem standfesten Boden und einem schön gerundeten Deckel nachformen.

74

TOKIO DELIGHT
BURGER

DAS BRAUCHST DU

1 Mini-Salatgurke

1 Handvoll Babyleaves

4 Thunfischsteaks
(à ca. 100 g)

Salz, Pfeffer

3 EL Bratöl

4 Sushi-Reis-Buns
(s. S. 128)

6 EL Wasabi-Mayonnaise
(s. S. 21)

Rosa-Rettich-Pickles
(s. S. 26)

1 EL schwarze Sesamsamen zum
Bestreuen (nach Belieben)

SO GEHT'S

1 Die Gurke waschen und in feine Scheiben schneiden. Babyleaves waschen und trocken tupfen. Die Thunfischsteaks salzen und pfeffern. Das Öl in einer beschichteten Pfanne erhitzen, den Thunfisch darin 2–3 Minuten braten, wenden und auf der zweiten Seite weitere 2–3 Minuten braten. Warm halten.

2 Die Bun-Böden mit je 1 EL Wasabi-Mayonnaise bestreichen. Gurken daraufgeben, dann das Thunfischsteak, Babyleaves daraufgeben und darauf einige abgetropfte Rosa-Rettich-Pickles. Restliche Mayonnaise darüberträufeln und den Bun-Deckel auflegen. Nach Wunsch mit Sesam bestreuen.

75

CHICKEN-SUSHI-
BURGER

DAS BRAUCHST DU

2 Frühlingszwiebeln

1 große reife Avocado

1 TL Limettensaft

Salz, Pfeffer

4 Sushi-Reis-Buns
(s. S. 128)

Pulled Chicken
(s. S. 75)

Ingwer-Möhren-Pickles
(s. S.27)

Chiliflocken zum Bestreuen
(nach Wunsch)

SO GEHT'S

1 Frühlingszwiebeln waschen, putzen, den weißen Teil längs vierteln, die Viertel fein hacken, den grünen Teil in feine Ringe schneiden. Avocado halbieren, Kern entfernen und das Fleisch aus der Schale löffeln. Sofort mit Limettensaft beträufeln und mit einer Gabel fein zerdrücken, salzen, pfeffern. Zwiebelstückchen unterrühren.

2 Das Avocadomus auf den Bun-Böden verteilen, darauf Pulled Chicken häufen und rund in Form drücken. Abgetropfte Möhrenstreifen auflegen und mit Frühlingszwiebelringen bestreuen. Bun-Deckel auflegen, nach Wunsch mit Chiliflocken bestreuen.

TOKIO DELIGHT
BURGER

CHICKEN-SUSHI-
BURGER

76

GLÜCKSPILZ-BURGER

DAS BRAUCHST DU

FÜR DIE PILZ-„BUNS"
8 Portobello-Pilze
(ca. 700 g, ersatzweise
große Champignons)
6 EL Olivenöl
1 TL Kräuter der Provence
1 Knoblauchzehe

FÜR DIE ARTISCHOCKENCREME
1 Dose in Salzlake eingelegte
Artischockenherzen
(ca. 180 g Abtropfgewicht)
2 Stängel Basilikum
4 Stängel Petersilie
2 EL Zitronensaft
Salz, Pfeffer
2 EL Olivenöl

AUSSERDEM
1 Fleischtomate
8 Scheiben Friséesalat
2 Stängel Basilikum
400 g geräucherter Scamorza
Bratöl
4 Scheiben gebratene Aubergine
(s. S. 29)

SO GEHT'S

1 Für die Pilz-„Buns" die Pilze säubern und die Lamellen an der Unterseite der Pilze vorsichtig mit einem Löffel herauskratzen. Öl mit Kräutern der Provence in einer Schale mischen, Knoblauch schälen und dazupressen. Die Pilze mit der gerundeten Seite ins Öl setzen und 15 Minuten darin ziehen lassen (evtl. in zwei Lagen oder mit zwei Schüsseln arbeiten).

2 Inzwischen für die Artischockencreme die Artischockenherzen in ein Sieb abgießen und abtropfen lassen, dabei das Einlegewasser auffangen. Die Kräuter waschen, trocken schütteln, Blättchen abzupfen und mit den Artischockenherzen und 1 EL Zitronensaft in ein hohes Mixgefäß geben. Alles fein pürieren, dabei ggf. etwas Einlegewasser zugeben – es sollte eine feste Creme entstehen. Mit Salz, Pfeffer und evtl. noch etwas Zitronensaft abschmecken.

3 Tomate waschen und quer in 4 ca. 1 cm dicke Scheiben schneiden, dabei den Stielansatz entfernen. Salat waschen, trocken schleudern und in Stücke zupfen. Basilikum waschen, trocken schütteln, Blättchen abzupfen und grob zerzupfen. Scamorza in 4 gleich dicke Scheiben schneiden.

4 Eine Grillpfanne bei mittlerer Hitze erhitzen. Pilze aus der Marinade nehmen und mit der eingelegten Seite zuerst in die Pfanne setzen, dabei leicht andrücken und 6–8 Minuten braten, etwas Einlegeöl obenauf pinseln, dann die Pilze wenden und in weiteren 4–6 Minuten fertig braten. Gleichzeitig eine zweite Grillpfanne erhitzen, leicht ölen. Darin den Scamorza bei mittlerer Hitze auf einer Seite grillen, bis er leicht zu schmelzen beginnt.

5 Die Pilze mit der gerundeten Seite nach unten auf Teller legen und die Artischockencreme in die Höhlung geben. Auf 4 Pilze dann etwas Salat geben, die Auberginenscheibe und etwas Basilikum legen. Darüber den Käse legen. Etwas Salat daraufgeben, darüber je 1 Tomatenscheibe und Basilikum legen. Die übrigen 4 Pilze als Deckel mit der Artischockencreme nach unten auflegen und sofort servieren.

77

SWEET DARLING
BURGER

LOW CARB

DAS BRAUCHST DU

FÜR DIE SÜSSKARTOFFEL-BUNS
4 Süßkartoffeln (ca. 1,2 kg)
Salz
2 Eier (Größe M)
5 EL Kichererbsenmehl

FÜR DIE PATTYS
400 g Rinderhackfleisch (s. S. 8)

FÜR DAS BOHNENMUS
1 Dose schwarze Bohnen
(400 g Füllgewicht)
1 Zwiebel
1 Knoblauchzehe
4 EL Olivenöl
1 kleine grüne Chilischote
1–2 EL Limettensaft
½ TL gemahlener Kreuzkümmel
Salz, Pfeffer
1 EL gehacktes Koriandergrün

FÜR DIE KORIANDERSALSA
1 Knoblauchzehe
1 Bund Koriandergrün
½ Bund Petersilie
20 g geröstete gesalzene
Cashewkerne
70 ml Olivenöl
1 EL Limettensaft
Salz, Pfeffer
⅓–¼ Chiliflocken

AUSSERDEM
4 Blätter Lollo bianco
1 Fleischtomate

SO GEHT'S

1 Süßkartoffeln schälen, Enden gerade schneiden, dann mit dem Spiral-schneider in Streifen schneiden. Kartoffelspiralen mit 1 Prise Salz mit den Händen kräftig durchkneten, damit sie weich und biegsam werden. In eine Schüssel geben zusammendrücken und mit einer zweiten mit Wasser gefüllten Schüssel beschweren – so 30 Minuten Wasser ziehen lassen.

2 Inzwischen die Pattys, wie auf S. 10/11 beschrieben, vorbereiten und kühl stellen. Für die Salsa Knoblauch schälen und grob hacken, Kräuter waschen, gut trocken tupfen und mit den Stielen grob zerschneiden. Mit den Cashewkernen, Knoblauch, Öl und Limettensaft fein pürieren. Mit Salz, Pfeffer und Chiliflocken scharf abschmecken.

3 Für das Bohnenmus Bohnen in ein Sieb abgießen, dabei die Einweich-flüssigkeit auffangen. Zwiebel und Knoblauch schälen und klein würfeln. Beides in dem Olivenöl bei mittlerer Hitze goldgelb anbraten, während-dessen Chilischote putzen und samt Kernen fein hacken und gegen Garzeitende kurz mitanbraten. Zwiebelmischung samt Bratöl zu den Bohnen geben und mit Limettensaft und so viel Einweichwasser pürie-ren, dass ein cremiges Mus entsteht. Mit Salz und Pfeffer würzen, Korian-dergrün unterrühren.

4 Backofen auf 200 °C vorheizen. Süßkartoffelnudeln ausdrücken und tro-cken tupfen. Eier verquirlen und mit Kichererbsenmehl unter die Gemü-senudeln mischen. Daraus 8 Plätzchen à 10 cm Durchmesser formen und gut festdrücken. Reichlich Öl in einer Pfanne erhitzen, darin die Plätz-chen, evtl. portionsweise nacheinander bei mittlerer Hitze beidseitig braun braten. Herausnehmen, auf einen mit Backpapier ausgelegten Backrost legen und im heißen Ofen (Mitte) in 8–10 Minuten fertig garen. Evtl. abkühlen lassen. Inzwischen die Salatblätter waschen und trocken tupfen, Tomate waschen und quer in Scheiben schneiden, die Pattys bra-ten oder grillen.

5 Je 4 Süßkartoffel-Buns mit einem Viertel der Bohnencreme bestreichen. Darauf 1 Salatblatt und darauf je 1 Fleischpatty und darauf 1–2 Tomaten-scheiben legen. Koriandersalsa darüberträufeln und mit jeweils 1 Süßkar-toffel-Bun abdecken.

78

AUBERGINEN-
BURGER

LOW CARB

DAS BRAUCHST DU

FÜR DIE TAPENADE

100 g schwarze Oliven
(ohne Stein)

1 EL Kapern

2 in Salz eingelegte
Sardellenfilets

1 Knoblauchzehe

½ TL Kräuter der Provence

3 EL Olivenöl

Pfeffer

AUSSERDEM

1 Fleischtomate

1 kleines Bund Rucola

1 große, dicke Aubergine

Salz, Pfeffer

2–3 EL Olivenöl

Öl zum Braten

150 g Ziegenkäse

1½ EL Honig

8 gegrillte Paprika
(s. S. 29)

8 gebratene Zucchinischeiben
(s. S. 29)

SO GEHT'S

1 Für die Tapenade Oliven und Kapern grob hacken. Sardellen mit kaltem Wasser abspülen, trocken tupfen, Knoblauch schälen, beides ebenfalls hacken. Alles mit Kräutern und Olivenöl mit dem Pürierstab nicht zu fein pürieren. Mit Pfeffer würzen. Die Tomate waschen und quer in 8 dünne Scheiben schneiden, dabei den Stielansatz entfernen. Rucola waschen, trocken schütteln, grobe Stängel wegschneiden.

2 Aubergine waschen und quer in 8 ca. 1 cm breite Scheiben schneiden, Enden wegwerfen. Auberginenscheiben salzen und ca. 10 Minuten ruhen lassen, danach kalt abspülen und gut trocken tupfen. Inzwischen den Backofen auf 200 °C vorheizen, ein Blech mit Backpapier auslegen. Die Auberginenscheiben auf einer Seite beidseitig dünn mit Öl bepinseln, salzen und pfeffern. Im heißen Ofen (Mitte, Umluft 180 °C) in 25–30 Minuten hellbraun braten, dabei einmal wenden und wiederum mit Öl bepinseln. Am Ende den Grill zuschalten. Auberginen erneut bepinseln und weitere 3–5 Minuten goldbraun braten. Herausnehmen und evtl. etwas abkühlen lassen.

3 Währenddessen den Ziegenkäse in 4 gleich dicke Scheiben schneiden, auf ein mit Backpapier ausgelegtes Blech legen, etwas Honig aufträufeln und unter dem heißen Grill in 3–5 Minuten übergrillen, bis er weich wird und leicht bräunt. Herausnehmen.

4 Je 1 Auberginenscheibe auf einen Teller legen. Darauf erst je 1 Tomatenscheibe, etwas Tapenade und ein paar Blättchen Rucola legen, darüber 2 Paprikahälften legen. Ziegenkäse auflegen, pfeffern, dann etwas Rucola daraufgeben. Darauf je 2 gefaltete Zucchinischeiben legen. 1 Tomatenscheibe daraufsetzen, mit Tapenade beträufeln, Rucola daraufgeben und mit 1 weiterer Auberginenscheibe abschließen.

79

RAWSTER-
BURGER

LOW CARB

DAS BRAUCHST DU

FÜR DAS RAW-FISCH-PATTY

350 g ganz frisches Thunfischfilet
(Sushi-Qualität)

2 Frühlingszwiebeln

2 EL geröstetes Sesamöl

2 EL Sojasauce

2–3 Spritzer Chilisauce
(z. B. Sriracha)

1 EL schwarze Sesamsamen

FÜR DEN MANGOSALAT

1 große reife Mango

1 rote Zwiebel

1 TL brauner Zucker

3 EL Limettensaft

2 EL gehacktes Koriandergrün

AUSSERDEM

1 reife Avocado

1 EL Limettensaft

8 große Kopfsalatblätter

4 EL Mayonnaise
(s. S. 20)

50 g Rote-Bete-Sprossen

SO GEHT'S

1 Den Thunfisch in dünne Scheiben schneiden, diese in Streifen schneiden, dann die Streifen fein hacken. Die Frühlingszwiebeln waschen und trocken schütteln, den grünen Teil in feine Ringe schneiden, den weißen längs vierteln, die Viertel fein hacken. Sesamöl, Soja- und Chilisauce verrühren, den Thunfisch, Frühlingszwiebeln und Sesamsamen miteinander mischen und 1 Stunde im Kühlschrank ziehen lassen.

2 Für den Mangosalat die Mango schälen und das Fruchtfleisch schräg vom Stein schneiden und klein würfeln. Rote Zwiebel schälen und grob würfeln. Zucker und Limettensaft verrühren und dann mit Mango, Zwiebeln und Koriandergrün mischen, ca. 1 Stunde ziehen lassen.

3 Avocado halbieren, Kern und Schale entfernen, das Fruchtfleisch quer in Spalten schneiden und diese sofort in Limettensaft wenden, damit sie nicht braun werden. Salat waschen und gut trocken tupfen. Sprossen in einem Sieb kalt abbrausen, trocken schütteln bzw. gut trocken tupfen.

4 Aus dem Thunfisch 4 Pattys formen – das geht prima, indem man sie in 8–10 cm große Dessertringe presst. Je 4 Salatblätter (Wölbung nach unten hinlegen) mit Avocadospalten belegen, Mayonnaise darübergeben. Darauf je 1 Thunfischpatty legen. Mangosalat daraufgeben und mit Sprossen belegen. Das zweite Salatblatt auflegen und servieren.

REGISTER

FÜR ALLE FAST-FOOD-LIEBHABER DIE GANZ
AUF FLEISCH VERZICHTEN MÖCHTEN:

ZIEMLICH BESTE BURGER –
Vegetarisch und vegan

20×23,5 cm
144 Seiten
ISBN 978-3-96093-001-3

15,00 € (D)
15,50 € (A)

ÜBER DIE AUTORIN

Tanja Dusy fühlt sich am wohlsten, wenn es in der Küche rundgeht. Sie schreibt seit 15 Jahren erfolgreich Kochbücher und war lange Zeit als Redakteurin tätig. Als Küchenprofi entwickelt sie Rezepte, die nicht nur verlässlich gelingen, sondern auch das besondere Etwas haben.

ÜBER DIE FOTOGRAFIN

Auf dem Blog von Tina Bumann **tinastausendschoen.de** findet man tolle, abwechslungsreiche Rezeptideen mit einer Vielzahl von stimmungsvollen und einladenden Bildern. „Fotos, bei denen jedem direkt das Wasser im Munde zusammenläuft." Tina arbeitet als freie Fotografin, Foodstylistin und Rezeptentwicklerin. Ihre Fotos schmücken zahlreiche Cover und Magazinseiten, Homepages und Social-Media-Kanäle.

IMPRESSUM

Bibliografische Information der Deutschen Bibliothek.

Die Deutsche Bibliothek verzeichnet diese Publikation in der deutschen Nationalbibliografie.

Detaillierte bibliografische Daten sind im Internet über http://www.d-nb.de/ abrufbar.

EIN BUCH DER EDITION MICHAEL FISCHER

1. Auflage 2018

© 2018 Edition Michael Fischer GmbH, Igling

Covergestaltung: Rebecca Leiner

Redaktion und Lektorat: Natascha Mössbauer

Layout: Rebecca Leiner

Fotos: Tina Bumann, Bretten

Illus: Seite 2,7,16,23,25,27,28,32,34,37,71,101,123 und Umschlag: ©alongzo/shutterstock

ISBN 978-3-86355-929-8

Printed in Slovakia

www.emf-verlag.de